Bauwelt Fundamente 74

Herausgegeben von Ulrich Conrads
unter Mitarbeit von Peter Neitzke

Beirat:
Gerd Albers
Hansmartin Bruckmann
Lucius Burckhardt
Gerhard Fehl
Herbert Hübner
Julius Posener
Thomas Sieverts

Walter Schönwandt

Denkfallen beim Planen

Friedr. Vieweg & Sohn   Braunschweig/Wiesbaden

Das Foto auf der 1. Umschlagseite stammt von Reinhard Matz, Köln
4. Umschlagseite: M. C. Escher, Wasserfall, Lithographie (1961)
© M. C. Escher heirs, c/o Cordon Art, Baarn, Holland

© Friedr. Vieweg & Sohn Verlagsgesellschaft mbH, Braunschweig 1986
Umschlagentwurf: Helmut Lortz
Satz: Satzstudio RES, R.-E. Schulz, Dreieich
Druck und buchbinderische Verarbeitung: Lengericher Handelsdruckerei, Lengerich
Printed in Germany
Alle Rechte an der deutschen Ausgabe vorbehalten.

ISBN 3-528-08774-9   ISSN 0522-5094

Inhalt

1 **Einführung** 7
   Zur Bedeutung des Themas für die Planung 9
2 **Denkfallen: Ein Erklärungsansatz** 13
3 **Thematische Abgrenzung** 17
   Zum Problem der Theorie(n) 17
   Zur Beschränkung auf empirische Untersuchungen 17
   Anmerkungen zu den Bearbeitungsprinzipien 19

4 **Denkfallen beim Zusammentragen von Informationen** 21
   Zur Selektivität der Wahrnehmung 21
   Faktoren, die die Informationsauswahl beeinflussen 23
   Verfälschende Effekte bei der Datenpräsentation 23
   Prägnanztendenz und Figur-Grund-Beziehung der Gestaltpsychologie 26
   Die Bevorzugung bestätigender Informationen 28
   Die Verfügbarkeit von Informationen 30
   Die Überbewertung anschaulicher Informationen 34
   Erwünschte Informationen werden überschätzt 36

5 **Zwei Denkfallen im Umgang mit Informationen** 38
   Zur Verarbeitung schrittweise präsentierter Informationen 38
   Eine Reaktionstendenz auf Informationsdefizite 39

6 **Fehler bei der Beurteilung von Zusammenhängen** 42
   Das Abschätzen kontingenter Zusammenhänge 42
   Fehler beim Beurteilen kombinierter Wahrscheinlichkeiten 44
   Die Wahrnehmung von Zufallsereignissen 45
   Empirische, konzeptionelle und semantische Zusammenhänge 47
   „Illusionäre Korrelationen" beim Abschätzen kontingenter Zusammenhänge 49
   Theorie-geleitete versus daten-geleitete Schätzung kontingenter Zusammenhänge 50
   Strategien im Umgang mit Kontingenzen 52
   Wie Annahmen über kontingente Zusammenhänge korrigiert werden 52
   Wie kontingente Zusammenhänge miteinander verknüpft werden 54

7 **Vier Denkfallen beim Umgang mit Informationen** 56
   Fehler beim Abschätzen nicht-linearer Beziehungen 56
   Fehler durch Verankern und Anpassen 58

Die Repräsentativitätsheuristik *60*
Vernachlässigung von Grundgesamtheiten 61
Vernachlässigung der Stichprobengröße 62
Vernachlässigung von Regressionseffekten 64
Informationsverarbeitung mit Faustregeln *65*

8 **Denkfallen, die durch das Umfeld erzeugt werden können** *67*
Zeitdruck und Störung *67*
Der Einfluß von Gruppenmeinungen *68*

9 **Zum Umgang mit komplexen und unbestimmten Aufgaben** *70*

10 **Denkfallen beim Lernen aus Erfahrung** *73*
Vorbemerkung *73*
Probleme bei der Interpretation von Handlungsergebnissen 73
Zum Erfahrungslernen bei Beurteilungen ohne Handlungen 78
Zur Unterscheidung von Fähigkeit und Glück *79*
Denkfallen beim Attribuieren *81*
Täuschungen beim Erinnern *84*
Denkfallen bei rückblickenden Analysen *87*

11 **Eine „evolutionistisch" orientierte Zusammenfassung** *90*
Zwei grundlegende Voraussetzungen:
Die Struktur des Wahrnehmungsapparates und fünf ratiomorphe Schemata *90*
Zur Einordnung der Denkfallen *92*
Zur Struktur des Gedächtnisses 92
Zur Kontrolle 96
Zur Notwendigkeit, schnell zu entscheiden 97
Zur Konsistenz 98
Zu Zeitdruck, Verhaltensinkonsistenz und rückblickenden Analysen 98
Weiterführende Forschungsthemen *99*

12 **Planungsbeispiele** *101*
Vorbemerkung *101*
Planungspannen *101*
Schlußbemerkung *110*

Anmerkungen *111*
Literaturverzeichnis *120*

1 Einführung

Angenommen, ein Bauherr will auf seiner Baustelle dabei sein, wenn ein bestimmter Handwerker mit seiner Arbeit beginnt. Dieser kann aber erst anfangen, wenn ein anderer Handwerker mit seiner Arbeit fertig ist, was nach Einschätzung des Architekten anderentags mit einer Wahrscheinlichkeit von – sagen wir: – 80 Prozent der Fall ist. Der zweite Handwerker ist bisher in vier von fünf Fällen auch zum zugesagten Zeitpunkt erschienen. Soll der Architekt den Bauherrn anrufen, um für den nächsten Tag mit ihm einen Termin auf der Baustelle zu vereinbaren? Wie groß ist die Wahrscheinlichkeit, daß der Bauherr zu sehen bekommt, was er sehen will?
Stellt man jemandem diese Frage, dann zeigt sich, daß die meisten Menschen nicht in der Lage sind, eine Antwort zu geben, die alle Bedingungen halbwegs korrekt berücksichtigt.
Ähnliche Schwierigkeiten treten auf, wenn es darum geht, nicht-lineare Verläufe (Wachstumskurven, Zinseszinskurven) zu beurteilen; das ist an einem ganz einfachen Beispiel demonstrierbar: Läßt man jemanden das Produkt von 8x7x6x5x4x3x2x1 schätzen, so wird sehr häufig eine Zahl in der Gegend von 2200 genannt. Der korrekte Wert dagegen ist 40320.
Die Vielfalt möglicher Beispiele ist nahezu unbegrenzt. Sie reicht vom Würfelspiel (jemand, der engagiert versucht eine Eins zu würfeln, läßt den Würfel eher sanft von der Hand gleiten; wenn es dagegen eine Sechs werden soll, wird der Würfel deutlich heftiger über das Würfelbrett „gepfeffert"; vgl. Langer 1975, 312) über so aktuelle Themen wie Luftverschmutzung, Bodenverseuchung oder Waldsterben durch sauren Regen[1] bis hin zur Cruise Missile (die sich in der UdSSR nur im Sommer zurechtfindet, weil ihr Navigationssystem nicht in der Lage ist, Schneewehen von der Geländetopographie zu unterscheiden; vgl. Tsipis 1977, 20 ff).
Nach der Lektüre der vorliegenden Untersuchung dürfte erkennbar sein, daß fast jede Alltagsentscheidung Gefahr läuft, in eine der weiter unten beschriebenen Denkfallen zu geraten.
Zur Frage, was dieses Thema mit Planen zu tun hat, wäre folgendes festzuhalten:
Geht man davon aus, „that planning can be understood as a process in which problem-relevant information can be produced and processed" (Rittel 1982, 53), und macht sich darüber hinaus klar, daß dieses Herstellen und Verarbeiten von problemrelevanten Informationen von keinem Planer ohne die Mitwirkung seines Denkapparates bewerkstelligt werden kann, dann wird die enge Beziehung von Planen und Denken deutlich.
Was bedeutet nun in diesem Zusammenhang der Ausdruck „Denkfallen"?

Der im Titel benutzte Begriff bezieht sich auf eine dieser Untersuchung zugrunde liegende These:
Ausgangspunkt ist die Überlegung, daß es im Hinblick auf die Beschaffenheit des menschlichen Körpers wohl kaum zu erwarten ist, daß die Evolution am Gehirn als dem einzigen menschlichen Organ spurlos vorübergegangen sein soll. Daraus (siehe Kapitel 2) läßt sich folgern, daß das bewußte Denken – und Planen hat schließlich mit Denken zu tun – von unbewußten Komponenten mit beeinflußt wird. Das geschieht normalerweise – eben weil unbewußt – unentdeckt. Es wird aber an den Stellen deutlich, an denen das bewußte Denken nachweisbar in die Irre geführt wird.
Die Effekte dieser uns unbewußt lenkenden und aus der Stammesgeschichte erklärbaren Denkmuster sind das, was in dieser Arbeit mit dem Begriff „Denkfallen" gekennzeichnet wird.[2]
In bezug auf die Planung kann man in diesem Zusammenhang die folgende Hypothese formulieren:
Das wichtigste Requisit des Planers, sein Denkapparat, wurde nicht zum Zweck des Planens konstruiert, sondern zum Überleben – und *dieser Unterschied ist beträchtlich.*
Man kann zwar sagen, Planen diene dem Überleben, trotzdem ist es nicht dasselbe. (Dies zu behaupten wäre zynisch, angesichts von Problemfeldern wie „Umweltverschmutzung" oder „Rüstungsspirale".)
Daß dieses Thema für Planer aufgearbeitet wird, ist nicht zuletzt in der Biographie des Verfassers begründet, der als Diplom-Ingenieur der Fachrichtung Architektur und Diplom-Psychologe schon in mehreren Arbeiten (zum Thema Architekturwettbewerbe, zum Wohnungsbau etc.) damit begonnen hat, theoretische, empirische und methodische Erkenntnisse der Sozialwissenschaft für Planer nutzbar zu machen.
Der Adressatenkreis der Planer ist dabei sehr weit gefaßt: Angesprochen sind Architekten, Raumplaner, Bauingenieure etc. – jeder also, der plant. (Einen kurzen Überblick über die Vielzahl der Tätigkeitsfelder eines Planers gibt beispielsweise der „Bericht der Studienreformkommission Architektur/Raumplanung/Bauingenieurwesen" 1981; vgl. Kapitel 3, S. 17: Zum Problem der Theorie(n)) Worauf in dieser Arbeit nicht näher eingegangen wird – das sei vorweg klargestellt –, sind die zur Zeit geführten Diskussionen zum Themenkomplex „Planungstheorie(n)" – und zwar aus folgendem Grund: Der überwiegenden Mehrzahl aller „traditionellen" Planungstheorien liegt ein normatives Rationalitäts-Paradigma zugrunde. Während es schon zahlreiche Untersuchungen gibt, die sich gegen dieses Rationalitäts-Paradigma wenden[3] (vgl. Simon 1967 oder Schaffitzel 1982; siehe auch Kapitel 3, S. 19), und damit implizit oder explizit nicht-rationale Komponenten mit ins Spiel bringen, befaßt sich die vorliegende Arbeit mit dem nicht-rationalen Bereich nicht nur negativ, ausgrenzend, sondern versucht, diesen Bereich inhaltlich zu thematisieren.
Was diesen (im folgenden dargestellten) Inhalt angeht, lag ein solcher Versuch, nach Kenntnis des Verfassers, bislang in dieser Form noch nicht vor und konnte deshalb den traditionellen Planungstheorien auch nicht gegenübergestellt werden.

Von der Reihenfolge der Bearbeitung her ist es zunächst notwendig, den Themenkreis aufzuarbeiten; dies soll in der vorliegenden Arbeit geleistet werden. Ihn in den Kontext der theoretischen Diskussionen zur Planung zu stellen, muß einer weiterführenden Untersuchung vorbehalten bleiben (vgl. Kapitel 11, S. 99). Daß eine solche Abgrenzung notwendig ist, wird angesichts der Vielzahl der (sich gegenseitig ergänzenden bzw. nicht ausschließenden) Definitionsansätze deutlich, die in einer theoretischen Diskussion der Tätigkeit „planen" zu berücksichtigen sind: Planung als Handlungsvorbereitung, als Problemlösungsprozeß, als Informationsverarbeitungsprozeß (siehe unten), als Produktionsprozeß etc., jeweils im Kontext des gesellschaftlichen bzw. sozialen Umfeldes und den Veränderungen, die dieses Umfeld permanent erfährt.[4]

Aus dieser Reihenfolge der Bearbeitung ergibt sich deshalb auch, daß der Versuch, den Begriff „Planung" neu zu definieren, ebenfalls erst in einer Folgestudie geleistet werden kann, weil selbstverständlich alle bisherigen theoretischen Ansätze zu berücksichtigen wären; sonst bestünde die Gefahr einseitiger Verzerrungen, vor allem durch die Überbetonung des hier beschriebenen Ansatzes.

Ohne den Ergebnissen einer solchen Studie vorzugreifen, läßt sich allerdings schon an dieser Stelle festhalten, daß das Nachfolgende ausreichen dürfte, eine Reihe von (heute noch recht leichtfertig benutzten) Begriffen, wie „Ziele", „Nutzen" (vgl. z.B. Zangenmeister 1972[5]) etc., aber auch Konzepte, wie etwa die Idee der Sequentialität kognitiver Planungsschritte[6] (vgl. z.B. Gäfgen 1968 oder Böhret 1975) zu relativieren, oder zumindest eine Reformulierung anzuregen.

Bevor die Diskussion im folgenden im Detail aufgenommen wird, soll im nächsten Abschnitt die Bedeutung des Themas für die Planung noch einmal verdeutlicht werden. Dabei ist festzuhalten, daß, obwohl die zur Illustration benutzten Beispiele vorwiegend aus dem Bereich der Stadt- und Regionalplanung stammen, die Thematik selbstverständlich genauso für das Arbeitsfeld der Architekten relevant ist.

Zur Bedeutung des Themas für die Planung

Wer Tageszeitungen und Fachpublikationen verfolgt, und sei es nur oberflächlich, dem bleibt nicht verborgen, daß es beim Planen gelegentlich zu Pannen kommt. Die Gründe dafür sind vielfältig:

Ein wesentlicher Grund sind generelle Wissenslücken, wie beispielsweise eine Stadt „funktioniert"; dem entspricht die Unvollkommenheit vorhandener Planungsinstrumente, von denen viele zur Lösung der Probleme des vergangenen Jahrhunderts entwickelt wurden.

Ein anderer Grund ist, daß bei allen Planungen Machtfragen eine entscheidende Rolle spielen; wenn sich der Planer für eine der involvierten Parteien entscheidet, wird sein Handlungsspielraum eingeengt.

Es gibt noch weitere Gründe für Planungspannen: Soziale und politische Hindernisse; deontische Schwierigkeiten, also die Frage danach, „was gesollt werden soll"; technische, organisatorische und prozedurale Widrigkeiten: die Tücke des Objekts, das Versagen von Leuten, Geräten und Einrichtungen; Rede-, Schreib- und Rechenfehler etc. Die vorliegende Arbeit behandelt die Frage, ob es zu alledem nicht auch daran liegen könnte, daß das Gehirn, der Denkapparat, fehlerhaft arbeitet, und daß es dadurch zu Planungspannen kommt. Planen heißt schließlich, in einen Denkprozeß verwickelt zu sein. Wenn man plant, wo Kinder in einem Wohngebiet spielen sollen oder wie sich die Verlängerung einer Straßenbahnlinie in zwei weitere Vororte auf das Pendlerverhalten auswirkt und ob damit vielleicht ein mühsam ausbalanciertes Stadt-Umland-Finanzausgleichsmodell revisionsbedürftig wird, dann benutzt man dazu den Denkapparat.
Im folgenden geht es nicht um Arbeitsfehler des Gehirns – wie individuellen Mangel an Intelligenz oder Neigungen –, auch nicht darum, daß Planer (und Wissenschaftler) nie genug wissen oder im Einzelfall nicht genug Informationen haben, auch nicht um Denkschwächen, die durch vorübergehende Müdigkeit oder Erschöpfung entstehen, sondern um gehirnimmanente Denkschwächen, Denkrestriktionen, die überindividuell und damit keineswegs ehrenrührig sind.
Diese Denkrestriktionen erscheinen auf den ersten Blick oft geringfügig, man traut ihnen keine große Wirkung zu; aber auch kleine Dinge können bei Planungen manchmal eine entscheidende Rolle spielen.
Anders formuliert, es geht hier um die Frage, ob und wo jener in der Regel 1500 Gramm wiegende, zu etwa 90 Prozent aus Wasser bestehende „Apparat", der unter der Schädeldecke sitzt und mit dessen Hilfe ein Planer Probleme bearbeitet, eine eigene „Logik", eigene Regeln hat; und zwar auch und gerade bei Problemstellungen, die in der Planung eine Rolle spielen.
Einige Beispiele sollen veranschaulichen, in welchen Zusammenhängen Denkfallen mit dazu beigetragen haben dürften, daß es zu Planungspannen gekommen ist:
Um die Bewohner im Großraum Frankfurt mit Trinkwasser zu versorgen, wurde aus dem Vogelsberg und dem hessischen Ried Grundwasser nach Frankfurt gepumpt. Die nicht einkalkuliert Folge: Sowohl im Vogelsberg als auch im Ried ist der Grundwasserspiegel so stark abgesunken, daß, um weitere Schäden zu verhüten, beispielsweise im Ried nun Oberflächenwasser versickert werden muß, damit der Grundwasserspiegel dort wieder steigt.
Daß ähnliche Problemkonstellationen auch in anderen Ländern auftreten, zeigt ein Beispiel aus der Sowjetunion: Im Rahmen eines Bewässerungsprogramms wurde dem Aral-See, dem drittgrößten Binnenmeer der Welt, Wasser entzogen, um damit Baumwollfelder und Industrieanlagen mit Wasser zu versorgen. Die nicht einkalkulierte Folge (FAZ, 20.8.1983[7]): Der Wasserspiegel sank in wenigen Jahren von durchschnittlich 25 auf zehn Meter. Das Seeufer hat sich um bis zu 60 Kilometer vom ursprünglichen Ufer zurückgezogen. Die Fischindustrie, die früher 50000 Tonnen Fisch jährlich fing und verarbeitete, ist eingestellt, und die Weiden trocknen aus.

Ein anderes Beispiel: Die Weltgesundheitsorganisation (WHO) führte noch 1983 im ostperuanischen Tiefland ein Programm durch, um die Bewohner von der Fieberkrankheit Malaria zu befreien. Mit DDT (!) sollte die Anophelesmücke, die Überträgerin der Krankheit, ausgerottet werden. Eine der Folgen: Das Mittel tötete die Grillen, die normalerweise die Eier der Kakerlaken fressen. Die Kakerlaken haben keine natürlichen Feinde mehr und vermehren sich ungeniert. Hühner, Enten und Tauben, die als Proteinlieferanten für die Ernährung der Indios wichtig sind, gehen an DDT ein, ebenso Katzen, die zur Bekämpfung von Nagetieren gehalten werden. Außer den Kakerlaken vermehren sich damit auch noch Mäuse und Ratten.
Selbstverständlich sind die Gründe für diese Planungspannen unterschiedlich. *Ein Muster findet sich trotzdem bei allen drei Fällen: Es sind jedesmal die nicht von vornherein einkalkulierten Neben- oder Folgeeffekte einer Maßnahme.*
Die Ergebnisse eines der nachfolgenden Kapitel (Kapitel 11, S. 96 f) legen die Vermutung bzw. Hypothese nahe, daß es im menschlichen Denkapparat eine Tendenz zu geben scheint, die das Weiterdenken und -planen behindert, wenn man für eine Aktion einen Effekt ausgemacht hat. Im Planen und Handeln, nicht im Reden, scheint der Denkapparat davon auszugehen, daß ein Phänomen nicht mehr als eine Ursache haben kann, bzw. eine Ursache höchstens einen Folgeeffekt hat.
Dieses Muster findet sich auch in anderen Planungspannen.
Man verschenkt, zum Beispiel, in Entwicklungsländern Nahrungsmittel an Hungernde, mit dem Effekt, daß die Bauern alle Bemühungen um bessere Ernteerträge aufgeben und Nomaden am Ort der Verteilerstelle seßhaft werden und ihr Vieh verkommen lassen („Die Zeit", 2.3.1984).
Ein anderes Beispiel ist der Assuan-Damm in Ägypten; seine Folgen: die Felder sind weniger fruchtbar, weil der Damm den Nährschlamm zurückhält. Außerdem zeigt sich an der Nildeltaküste eine fortschreitende Erosion, weil die Schlammsedimente fehlen. Die Krabben- und Sardinenschwärme vor der Küste sind verschwunden, und mit ihnen die Fischer etc. („Der Spiegel", 41, 1983).
Das Verfahren der Giftmüllbeseitigung der letzten Jahrzehnte in der Bundesrepublik impliziert das gleiche Muster – die Folge: In Köln-Porz findet man Phenol („FAZ", 19.11.1983) und in Hamburg-Georgswerder Dioxin im Grundwasser („Der Spiegel", 6, 1984).
Ein anderer Arbeitsbereich von Planern, in dem Denkfallen und Planungspannen vorkommen, ist das Problemfeld der Prognosen.
Eine der zahlreichen empirischen Studien zu diesem Thema stammt von Wise (1976). Er untersucht die Genauigkeit von 1556 Technologieprognosen in verschiedenen Branchen (Energie, Transport und Verkehr, Kommunikation, Computer, Wohnungsbau, neue Materialien etc.), unter anderem mit folgendem Ergebnis: Nicht einmal die Hälfte aller Vorhersagen hat sich erfüllt oder ist dabei, sich zu erfüllen. Experten sind nicht „besser" als Nicht-Experten. Vorhersagen der Folgeeffekte von Technologien sind signifikant weniger akkurat als Vorhersagen technologischer Veränderungen.

Zu den besonders „gelungenen" Fehlprognosen gehören auch diejenigen des Sachverständigenrates, des „Rats der fünf Weisen": Seit 1965 stimmte die Prognose der Wachstumsrate des Sozialprodukts nur ein einziges Mal mit dem später vom Statistischen Bundesamt errechneten Wert überein; in diesem einen Fall handelte es sich allerdings um eine Prognose, die im November 1983 für den selben Monat (November 1983) gemacht wurde (vgl. NDR-Sendung „Monitor", 20.12.1983).
Alle diese Planungspannen lassen sich selbstverständlich mit jedem der zu Beginn dieses Abschnitts genannten Gründe, mit mangelndem Wissen etc., erklären.
Nichtsdestoweniger dürfte der Leser so manche der im folgenden beschriebenen Denkfallen wiedererkennen – und sei es nur in Einzelargumentationen –, wenn beispielsweise in Nachrichtensendungen, Tages- und Wochenzeitungen oder Fachpublikationen über Themen wie Atom- oder Plutoniumwirtschaft, Mineralölwirtschaft, Energieverbrauchsprognosen, Verkabelungsprojekte der Deutschen Bundespost, Verkaufsprognosen zu Personal Computern etc., berichtet wird.
Zumindest in Detailentscheidungen dürften sich die in den folgenden Kapiteln beschriebenen Denkfallen widerspiegeln. Zum Beispiel
- die Unfähigkeit, nicht-lineare Verläufe richtig abzuschätzen (vgl. Kapitel 7, S. 56);
- das Trenddenken (indem, unter anderem, die Repräsentativitätsheuristik benutzt wird; vgl. Kapitel 7, S. 60);
- die Konservatismustendenz (bei der man dazu neigt, neu hinzugekommene Daten nicht ihrer Bedeutung entsprechend zu berücksichtigen, sondern sich zu stark an früheren Erkenntnissen zu orientieren; vgl. Kapitel 6, S. 52), oder
- die Tendenz, die Planbarkeit der Welt generell zu überschätzen (vgl. Kapitel 10, S. 87) etc.

Es ist der Zweck dieser Untersuchung, dem Leser dieses Material zur Verfügung zu stellen und in der Situation des Planens abzubilden. Es soll gezeigt werden, wo und wann es (während der Prozedur des Planens) im menschlichen Denkapparat leicht zu „Fehlschaltungen" kommt, und zwar mit der Absicht, auf diese Weise die Anfälligkeit des Planers zu verringern, Opfer dieser „Fehlschaltungen" zu werden.
Als ein Kompendium der Argumente zur Exkulpation ist diese Arbeit *nicht* gedacht.

2 Denkfallen: ein Erklärungsansatz

Eine Möglichkeit, das Auftreten von Denkfallen zu erklären, ergibt sich, wenn man von der (nicht unumstrittenen[8]) These ausgeht, daß das bewußte Denken nicht vollständig unabhängig von den übrigen Körperfunktionen stattfindet. Für diese Vermutung lassen sich, sehr knapp formuliert, einige Argumente anführen:
Ein erster Hinweis ergibt sich, wenn man die Frage untersucht, ob organische und kognitive Funktionen (das Denkvermögen), irgendwelche Gemeinsamkeiten haben – zum Beispiel in Form von Isomorphien. Eine ausführliche Argumentation zu dieser Fragestellung stammt von Piaget (1974). Er untersucht die Steuerungsebenen (Regulationen) des Menschen (genetisches System, Nervensystem, Reflexe, Instinkte, Wahrnehmung einschließlich Denken) und demonstriert, daß es auf allen Ebenen funktionale und strukturelle Entsprechungen gibt. Sowohl organische als auch kognitive Funktionen (die Fähigkeit zu denken), entwickeln sich beispielsweise sequentiell, der Verlauf der Entwicklung ist auf allen Ebenen von endogenen Faktoren, Umweltmerkmalen und deren Interaktion abhängig. Die Entwicklung findet jeweils in einem autoregulativen Prozeß statt, in dem sich (in der Terminologie Piagets), bestimmte Schemata herausbilden, wobei durch Assimilation (Intergrieren neu hinzukommender Informationen) und Akkomodation (Verändern bzw. Anpassen des Schemas) ein Gleichgewichtszustand hergestellt und stabilisiert wird. Einige dieser Schemata kommen auf allen Steuerungsebenen vor – vom genetischen System bis zum bewußten Denken: Akte des Zusammenfassens (Korrespondenzen), das Einschachteln von Elementen, das Ordnen von Elementen.
Piagets Fazit: Das Denken hat keine Sonderstellung im Rahmen der den Menschen steuernden Regulationen. Für Piaget sind Intelligenz, Denken etc. ohne Verbindung zum biologischen Trägerorganismus deshalb auch nicht konzipierbar (vgl. Piaget 1974).
Für die Überlegung, daß das Denken nicht unabhängig von Körperfunktionen stattfindet, sprechen ebenfalls Untersuchungen der neuronalen Aktivitäten der Großhirnrinde bei Denkvorgängen. Beispielsweise kann man mit Hilfe des Elektroenzephalogramms (EEG) oder von Elektroden feststellen, daß bestimmten Denkinhalten verstärkte neuronale Aktivitäten in bestimmten Regionen der Großhirnrinde korrespondieren. Diese Ergebnisse wären besonders erklärungsbedürftig, wenn das Denken von den Körperfunktionen vollständig unabhängig wäre (vgl. Vogel und Propping 1981, 278 ff).
Weitere Hinweise darauf, daß die Fähigkeit zu denken von Körperfunktionen nicht unabhängig sein dürfte, liefern einige Beispiele, die zeigen, daß organische und kogniti-

ve Funktionen sich gegenseitig beeinflussen können. Daß kognitive Funktionen auf Körperfunktionen einwirken können, belegt das sogenannte „autogene Training": Jemand, der diese „Technik" beherrscht, ist z.B. in der Lage, die Frequenz seines Herzschlags zu verändern.
Ein anderes Exempel: Das kognitive Phänomen „Streß" kann binnen weniger Stunden zu einem Magengeschwür führen.
Es gibt auch Beispiele dafür, daß Körperfunktionen das Denken (hier: das Entscheidungsverhalten) beeinflussen: Manche Leute werden depressiv, das heißt, sie entscheiden eher zu pessimistisch, wenn ihr Körper Alkohol abbaut. Piloten ist bekannt, daß der Sauerstoffmangel (zum Beispiel in Flughöhen oberhalb 5000 Meter Höhe) in der Regel euphorisierend wirkt, was dazu führen kann, daß die Gefahr, an Sauerstoffmangel zu sterben, unterschätzt wird. Auch heute noch kommt es deshalb gelegentlich zu Flugunfällen. Oder: Nimmt man Phencyclidin ein, wird bei manchen Menschen das Kurzzeitgedächtnis beeinträchtigt, außerdem verändert sich in der Regel die Wahrnehmung von Raum und Zeit. (Vgl. dazu Vogel und Propping 1981 oder Milkman und Sunderwirth 1984.)
Nicht zuletzt wäre ergänzend anzuführen, daß die Annahme, das Denken sei auch durch Körperfunktionen beeinflußt, zweifellos unzweckmäßig bzw. unangebracht wäre, wenn es eine weitgehend akzeptierte Definition der Begriffe Denken und Intelligenz gäbe, die ohne diesen Aspekt auskommt und alle auftretenden Phänomene erklärt. Das aber ist nicht der Fall.
Heckhausen (1974 c) dokumentiert, daß sich keine allgemein akzeptierte Definition von Intelligenz geben läßt, bzw. daß die Trennung von intelligentem und unintelligentem Verhalten eine eher willkürliche Unterscheidung ist. Eine Reihe von (nicht nur sprachlichen) Ungereimtheiten ist die Folge: Amöben berücksichtigen etwas, was man als „Erfahrung" bezeichnen kann, und Ratten führen kombinatorische „Schlußfolgerungen" durch (vgl. Piaget 1974, 223/270). Für Neisser ist „Intelligenz" (die Fähigkeit zu denken) deshalb auch nur eine vorläufige Begriffsvorstellung, wie sie „Menschen entwickeln, wenn sie etwas nur oberflächlich verstanden haben" (1983, 59).
Die hier genannten Aspekte sind selbstverständlich kaum mehr als fragmentarische Hinweise auf die Vielfalt derjenigen Argumente, die im Zusammenhang mit der Frage, ob das Denkvermögen auch durch Körperfunktionen beeinflußt wird, zu diskutieren wären.[9] Trotzdem kann man sie als Indizien für einen solchen Zusammenhang deuten bzw. im Sinne der eingangs formulierten These interpretieren.
Folgt man – nicht ohne entsprechende Vorbehalte – dieser Deutungsmöglichkeit, dann stellt sich die Frage, welcher Art die Komponenten sein könnten, die das bewußte Denken mit beeinflussen. Um diese Frage zu beantworten, könnte man auf ein Detail-Argument der sogenannten „evolutionären Erkenntnistheorie"[10] zurückgreifen. Die Verfechter dieser Theorie gehen davon aus, daß es nicht-bewußte Steuerungsmechanismen (Schemata) gibt – Brunswick (1955, 108 f) nennt sie „ratiomorph"[11] –, die uns manchmal dazu verleiten, Dinge zu tun, die „rational" nicht rekonstruierbar sind. Lo-

renz (1973) bezeichnet sie als die „angeborenen Lehrmeister". Es handelt sich – und das ist eine der (umstrittenen) Thesen dieses Konzepts (vgl. Spaeman und Löw 1981) – um Reaktionsmuster, die in der Zeit vor dem phylogenetischen Aufbau des rationalen Apparates (des Denkvermögens) erworben bzw. gelernt und im Erbgut abgespeichert sein sollen. (Zu den Zeitspannen der Entwicklung des Menschen vgl. z.B. Edey 1973 oder Washburn 1978.)
Als Beispiel für die Wirkung solcher ratiomorphen Mechanismen führt Riedl (1980) unter anderem ein Phänomen aus der optischen Wahrnehmung an: – Riedl zufolge gibt es eine Tendenz, die uns dazu anhält, (in bestimmten Konstellationen) die jeweils größere Fläche als ruhend und die kleinere als sich bewegend wahrzunehmen, was zum Beispiel bei einem Blick an einem Brückenpfeiler hinunter auf eine sich bewegende Wasserfläche zu dem kaum zu unterdrückenden Eindruck führt, der Brückenpfeiler – nicht das Wasser – würde sich bewegen.
Weil solche Phänomene in den entsprechenden Situationen immer wieder auftreten und damit auch in zukünftigen, noch unbekannten Situationen angewandt werden, hat Riedl (1980) sie als „Vorausurteile" bezeichnet. Die Frage, warum solche Schemata, „Vorausurteile" (im Riedlschen Sinne), überhaupt entstanden und wozu sie gedient haben könnten, könnte man damit beantworten, daß sie aus evolutionärer Sicht nützlich gewesen sein könnten. Für die Erhaltung der Art bzw. die Verbesserung der Lebensumstände könnte es von Vorteil gewesen sein, Erfahrungen nicht nur nach dem Prinzip von Versuch und Irrtum individuell zu sammeln, sondern „Überlebenschancen" verbessernde Annahmen zu benutzen.

Riedl, ein überzeugter „Evolutionist", formuliert es so:
„Die Unentbehrlichkeit der Struktur-Erwartung entspricht damit dem Selektionserfolg, also der lebenserhaltenden Bedeutung, das [häufig] Zutreffende zu erwarten. Dies ist so einfach und notwendig, wie das richtige Vorurteil in lebensentscheidenden Situationen der Ratlosigkeit (...) überlegen sein muß." (Riedl 1980, 111)
Der mögliche Nutzen dieser „Vorausurteile" ließe sich, etwas plastischer, an einigen bekannten Erscheinungen illustrieren:
- Es könnte sinnvoll (das heißt: lebenserhaltend) gewesen sein, den Anblick einer Tigerpfote umgehend zur Gestalt eines ganzen Tigers zu ergänzen und entsprechend zu reagieren, und zwar ohne darauf zu warten, daß der ganze Tiger in Erscheinung tritt. Wertheimer (1923) hat diesen Effekt der Gestaltwahrnehmung auch an anderen („ungefährlicheren") Zusammenhängen experimentell nachgewiesen.
- Genauso könnte es zweckmäßig gewesen sein, einen Tiger, der sich in größerer Entfernung aufhält, nicht für einen ausnahmsweise nur daumengroßen Mini-Tiger zu halten (vgl. dazu auch v. Holst 1969), was auf den aus perspektivischen Zeichnungen bekannten Effekt verweist, daß einer von zwei in Wirklichkeit gleich großen Gegenständen dann als größer wahrgenommen wird, wenn er sich im Hintergrund einer perspektivischen Darstellung befindet.

- Ähnliches ließe sich auch für das Prinzip von Figur und Grund (vgl. Rubin 1921) sagen. Wahrnehmungspsychologische Untersuchungen zeigen das bei den sogenannten Kippbildern. (Zwei der bekanntesten sind die Vase und die beiden Gesichter im Profil, und die alte und die junge Frau.) Bemerkenswert an diesen Bildern ist weniger, daß sie mehrere Figuren/Gegenstände mit den gleichen Begrenzungslinien enthalten; interessanter ist vielmehr die Tatsache, daß die Wahrnehmung sich jeweils nur für eine der Figuren entscheidet: Es ist nämlich kaum möglich, beide Figuren gleichzeitig als Figuren zu sehen; das geht nur nacheinander, wenn das Bild in der Wahrnehmung umschlägt („kippt"). Aus evolutionärer Sicht könnte dieser Reaktionsmechanismus auf mehrdeutige Informationen sinnvoll gewesen sein. Es könnte lebenserhaltend gewesen sein, sich in einer unbestimmten Situation schnell für eine der angebotenen Interpretationsmöglichkeiten zu entscheiden und dann rasch, mit einer zumindest geringen Aussicht auf Erfolg zu handeln, statt (zu) lange nach Kompromißlösungen zu suchen (vgl. Lorenz 1959, 279).

Diese Beispiele kann man so interpretieren, daß „irgendetwas" Nichtbewußtes die (optische) Wahrnehmung beeinflußt bzw. lenkt. Lorenz, Vollmer und Riedl erweitern diese Deutungsmöglichkeit und schreiben diese Phänomene dem Einfluß der (von ihnen hypostasierten) nicht-bewußten Schemata (siehe oben) zu.[12]

Man könnte nun, zumindest als Vermutung, die These formulieren, daß solche „prärationalen" Schemata auch im Bereich des bewußten Denkens wirksam sein und auf diese Weise zu Denkfallen führen könnten; wir kommen in Kapitel 11 auf diese These zurück.

3 Thematische Abgrenzung

Es ist der Zweck dieser Arbeit, empirische Forschungsergebnisse der Sozialwissenschaft aufzuarbeiten, die für die Planung relevant sind, von den Planungstheoretikern bisher aber weitgehend übersehen wurden.
Das erfordert eine Reihe von Abgrenzungen, vor allem in bezug auf einige theoretische und methodische Problembereiche.

Zum Problem der Theorie(n)

Es ist nicht beabsichtigt, die im Fach Psychologie diskutierte Literatur zum Thema „Denken" oder „Problemlösen" aufzuarbeiten (vgl. dazu z.b. Graumann 1965, 1972). Die theoretischen Ansätze der traditionellen Denkpsychologie haben, zumindest bisher, zu vergleichsweise realitätsfremden Ergebnissen geführt („Wasserumfüllaufgaben", Dörner et al. 1981, 143), die für einen Planer sicher von Bedeutung sind, ihn aber deshalb noch nicht notwendigerweise interessieren müssen (vgl. Neisser 1979). Hinzu kommt, daß die meisten der im folgenden beschriebenen Denkfallen als Anomalien dieser theoretischen Ansätze gesehen werden, was eine Synthese dieser Überlegungen zur Zeit erschwert, wenn nicht sogar unmöglich macht.

Zur Beschränkung auf empirische Untersuchungen

Die Darstellung stützt sich auf empirische Arbeiten.[13] Diese Einschränkung hat unter anderem zur Folge, daß vorwiegend Denkfallen diskutiert werden, die der Welt der Fakten und Daten zuzuordnen sind. Andere Problemebenen, wie zum Beispiel die deontische, sind nicht (oder nur am Rande) Gegenstand dieser Arbeit.
Außerdem bezieht sich die Untersuchung damit auf Stand und Schwerpunkte der sozialwissenschaftlichen Forschung zu diesem Thema[14], und nicht auf die Gesamtheit *aller* beim Planen real existierenden Möglichkeiten, in Denkfallen zu geraten. Diese Abgrenzung hat in inhaltlicher und methodischer Hinsicht Konsequenzen.
Vom Inhalt her besteht eine zentrale Schwierigkeit darin, daß es (fast) keine Studien gibt, die die Situation beim Planen in ihren Einzelheiten erfassen. Die meisten Studien konzentrieren sich mit Hilfe von „short-run"- (statt „long-run"; Hogarth 1975, 284) Experimenten auf etwas, was man als Eingabe-Ausgabe-Verhalten bezeichnen könnte (vgl. Aebli 1980, 24 ff); vor allem drei Aspekte werden ausgelassen:

- Vernachlässigt wird die Aufgabenstruktur (vgl. Hogarth 1975, 284; Rittel 1972, 394 ff) oder – ganz allgemein – die Bedeutung der situationalen Komponenten für das Verhalten. (Für eine ausführliche Diskussion zum Thema Person-Situation-Interaktion vgl. Bem & Allen (1974), Graumann (1975), Bem & Funder (1978), Magnusson (1981); bezeichnend ist in diesem Zusammenhang, daß die (situational-)ökologische Orientierung in der Psychologie erst mit einem Artikel von Wohlwill (1970) in den USA publik wurde.)
- In der Regel wird der Sozialcharakter des Planens vernachlässigt (vgl. Hogarth 1975, 282 ff). Es wird häufig übersehen, daß es sich um Interaktionen handelt, das heißt, der Planer agiert mit anderen am Prozeß der Planung beteiligten Personen (mehr oder weniger) gemeinsam, und zwar im Kontext einer ihrerseits (re)agierenden Außenwelt. (Einen Schritt in diese Richtung unternehmen Dörner et al. 1981; vgl. Kapitel 9, S. 70 ff).
- Differentielle Aspekte werden in der Regel ebenfalls nicht erfaßt, zum Beispiel kulturelle Differenzen, wie sie bei „kognitiven Landkarten" nachgewiesen wurden (vgl. Gould & White 1974), interindividuelle Differenzen (eine der Ausnahmen ist Pollay 1970), wie sie Moore (1979) bei „environmental cognition" aufzeigt, oder Fragen, die sich mit der individuellen Entwicklung im Verlauf des Lebensalters befassen (vgl. dazu Piaget 1976). Dabei ist anzumerken, daß eine differentielle Betrachtung der Zusammenhänge, vermittels des Konzepts der Emergenzen (vgl. Bunge 1977, 97 f), mit einem evolutiven Paradigma nicht in Widerspruch stehen muß.

Diese Lücken können hier nicht geschlossen werden. Vielleicht aber kann diese Untersuchung dazu beitragen, das Feld künftiger Forschungsthemen präziser abzustecken. Auf methodischer Seite ergibt sich eine besondere Schwierigkeit dadurch, daß es sich bei den im folgenden referierten Studien in der Regel um (psychologische) Laborexperimente handelt. (Eine ausführliche Darstellung experimenteller Vorgehensweisen findet sich z.B. bei Bredenkamp 1969 oder Campbell und Stanley 1970.) Gegen diese Methode sind von verschiedenen Autoren Bedenken angemeldet worden. Sie setzen sich vor allem mit der Rolle der Versuchsperson, der Interaktion zwischen Versuchsperson und Versuchsleiter, dem Kontext eines Experiments und der Frage der Übertragbarkeit der Ergebnisse kritisch auseinander (vgl. z.B. Mertens 1975, Rosenthal 1966, Bungard 1980).[15]
Wenn Studien dieser Art trotz dieser Schwächen berücksichtigt werden, so bedeutet das nicht, daß die Methode des Experiments fehlerfrei ist. Für unser Thema stellt sie aber, wegen der Komplexität der Zusammenhänge, das zur Zeit einzige verfügbare Verfahren dar.

Anmerkungen zur den Bearbeitungsprinzipien

Diese Untersuchung hat den Zweck, den Planer bei der Lösung der täglich an ihn herangetragenen Probleme zu unterstützen. Dazu werden im folgenden Informationen herausgearbeitet, die ihm Prinzipien, Haltungen, Suchrichtungen (Heuristiken) liefern, wie er seine Problemstellungen bearbeiten soll, bzw. was er (möglichst) nicht vergessen sollte. Diese Informationen führen natürlich nicht mit Sicherheit zur „besten" Lösung des Problems. Denn die „Schlachten werden (...) auf dem Feld der spezifischen Sachzusammenhänge geschlagen. Ihre Kenntnis ersetzt keine Heuristik. Allerdings: Wer über sie verfügt und die Regeln der Heuristik beachtet, ist ein besserer Problemlöser, als wer sie vernachlässigt. Er braucht sie nicht von den Psychologen gelernt zu haben (kaum ein Forscher hat je davon gehört, daß sich die Psychologen mit Heuristik beschäftigen), aber wenn er sie zur Kenntnis nimmt, kann er erkennen, daß hier Dinge gesagt sind, die er von sich aus längst tut, und vielleicht sind doch einige Regeln dabei, deren Einhaltung ihn zum besseren Problemlöser machen." (Aebli 1981, 75) Gewonnen, das heißt formuliert werden diese Angaben auf der Basis sozialwissenschaftlicher Forschungsergebnisse. Zu diesem Zweck werden die entsprechenden Untersuchungen daraufhin analysiert, wo und wann im menschlichen Denkapparat[16] (während der Prozedur des Planens) leicht „Fehlschaltungen" auftreten, in welchen Zusammenhängen es oft Verwechslungen bzw. Fehler gibt.

Dieser Problemkern soll möglichst präzise herausgeschält und anhand jeweils einer Studie deutlich gemacht werden.

Auf die psychophysiologischen bzw. anatomischen Korrelate dieser Zusammenhänge wird dabei nicht näher eingegangen. Es wird also nicht versucht, Denkfallen beispielsweise der Wirkungsweise des ratiomorphen Apparates bzw. seiner gelegentlichen Dominanz über den rationalen Apparat zuzuordnen. Diese Abstinenz gründet sich auf die Überzeugung, daß Polaritäten wie „ratiomorph" versus „rational" nicht überstrapaziert werden sollten. (Vgl. dazu Bunge (1977, 101), wonach Polaritäten – und das gilt auch für solche wie: Privatheit-Öffentlichkeit; Individuum-Gesellschaft usw. „a pitfall of archaic metaphysics" sind.) Eine Strukturierung dieser Art wird sich in absehbarer Zeit – das zeigt ein Blick darauf, was schon heute über die „Architektur des Gehirns" bekannt ist (vgl. z.B. Nauta und Feirtag 1980) – als viel zu beschränkt und ungenau herausstellen.

Daß sich diese Arbeit primär an Planer wendet, hat zwei weitere Konsequenzen:
- Es wird versucht, das Thema inhaltlich straff darzustellen.
  Das bedeutet natürlich zugleich, daß es viele sozialwissenschaftliche Themen gibt, die, obwohl relevant, nicht oder nur ganz am Rande diskutiert werden können (z.B. Wahrnehmung, Attribution, Motivation etc., etc.).
- Es wird eine klare, verständliche Sprache benutzt, und zugleich bewußt versucht, die Darstellung nicht mit Fachtermini zu überfrachten, um keine die Verständlichkeit erschwerenden Barrieren durch einen bestimmten Fachjargon aufzubauen. Es

ist klar, daß man sich an sozialwissenschaftlichen Fakultäten (vor allem in Deutschland, in den USA ist das etwas anders) einer anderen Sprache bedient.
Darauf, daß das Thema der vorliegenden Studie natürlich auch für das wissenschaftliche Arbeiten von Bedeutung ist, soll hier nur am Rande hingewiesen werden. Angesprochen und an Beispielen demonstriert haben das unter anderem Autoren wie Bohm (1965, 217 ff), Lorenz (1959), Goldman (1978) und Vollmer (1981).
Von Belang sind hier vor allem zwei Aspekte:
Zum einen zeigen viele Beispiele, daß der rationale Anteil am menschlichen Handeln und Denken auch in der Wissenschaft oft überschätzt wird. Erwähnenswert ist in diesem Zusammenhang, daß erst vor wenigen Jahren Herbert Simon der Nobelpreis zugesprochen wurde, (unter anderem) für seine Arbeiten, in denen er sich gegen die ökonomische Entscheidungsdogmatik mit ihrer Prämisse der „unbonded rationality" wendet. Auch aus dem Bereich der Psychologie läßt sich eine ganze Reihe theoretischer Ansätze nennen, die verdeckt oder offen ein normatives Rationalitätskalkül enthalten: zum Beispiel das Lebensraum-Konzept (life-space) von Lewin (1969), das Prozeßmodell der Motivation von Heckhausen (1974a), das (mittlerweile wegen konsistenter Modellabweichungen (vgl. Schneider 1976) modifizierte) Risikowahlmodell von Atkinson (1957) oder das in älteren arbeitspsychologischen Texten zu findende Modell von Vroom (1964), differenzierter bei Hoyos (1974).
Der zweite Aspekt ist der, daß Wissenschaftler genau den gleichen Denkmechanismen und -fehlern unterliegen wie jeder in der Praxis tätige Architekt oder Planer. Wie steht es zum Beispiel mit der Analogie von wahrnehmungspsychologischen Fehlleistungen und dem Versagen von Theorien? Oder: Wirkt sich die Tendenz, bei der Bearbeitung wissenschaftlicher Problemstellungen gelegentlich zum Bleistift zu greifen, und sich das Ganze zwei-, maximal dreidimensional aufzuzeichnen, (nicht) auf das Problemverständnis aus?
Welchen Effekt hat es, daß Einzeldaten im Gedächtnis dann besser abgespeichert werden, wenn sie in das Schema des Bearbeiters passen? Gibt es in der Wissenschaft ähnliche Situationen wie beim Schlipsbinden? Die Zahl der Leute, die das beherrschen, ist gewiß weit höher als die derjenigen, die es auch beschreiben oder zeichnerisch darstellen können.[17]
Dieser Aspekt wird, worauf beispielsweise auch Ravetz hingewiesen hat, in der Wissenschaft(stheorie) oft übersehen. Das gilt auch für die Mitglieder des Wiener Kreises und die Beteiligten an den daraus entstandenen Diskussionen: Popper, Lakatos, Kuhn, Feyerabend usw. „In den Untersuchungen des Wiener Kreises findet sich eine stilistische Eigentümlichkeit (...). Ihre Vorstellung von Wissenschaft abstrahierte (...) absichtlich von Vorgängen individueller Kreativität und historischer Entwicklung (...). Der Wiener Kreis (...) zeigte kein Interesse an Fragen von Ursprung und Rudimenten (...)." (Ravetz 1980, 17)

4 Denkfallen beim Zusammentragen von Informationen

Bei fast allen Planungsaufgaben stellt sich früher oder später die Aufgabe, daß Informationen zusammengetragen bzw. aufgenommen werden müssen. Da diese Prozedur der Informationssuche bzw. -erhebung immer nur von Menschen durchgeführt werden kann, spielen die Informationsverarbeitungsmechanismen des menschlichen Denkapparats eine wichtige, wenn nicht sogar die entscheidende Rolle.
Nur was dem Planer an Informationen zur Verfügung steht, kann in einen Planungsprozeß einfließen; oder anders ausgedrückt: Es ist sicher nicht vorstellbar, daß ein Planer externe Informationen benutzt, die er nicht wahrgenommen hat.
Denkfallen ergeben sich in diesem Zusammenhang vor allem als Folge zweier konstruktiv bedingter Charakteristika des Wahrnehmungsapparates.
Zum einen das Problem, daß Individuen von den von außen präsentierten Informationen („Signalen") nur einen geringen Bruchteil überhaupt bewußt aufnehmen, was als Selektions- und Reduktionsleistung des Wahrnehmungsapparates bezeichnet wird.
Der zweite Punkt bezieht sich darauf, daß Objekte und Ereignisse der (realen) Welt fast nie als Konfigurationen sui generis wahrgenommen, sondern nur schon vorher im Denken des Wahrnehmenden vorhandenen Mustern (Schemata) assimiliert werden. Diese Assimilation ist Teil eines Kreisprozesses – „Wahrnehmungszyklus" (Neisser 1979) –, bei dem auf der Seite des Gehirns interne Mechanismen konstruktiv wirksam sind, wie zum Beispiel die Verfügbarkeit oder Anschaulichkeit von Informationen, die die Auswahl der wenigen verbleibenden Informationen nach Kriterien steuern, die mit der eigentlichen (Planungs)Aufgabe nichts mehr zu tun haben.
Die verfälschenden Effekte dieser beiden Rahmenbedingungen der Wahrnehmung darzustellen, ist der Zweck dieses Kapitels.

Zur Selektivität der Wahrnehmung

Die Wahrnehmung[18] der Außenwelt durch den Menschen ist nicht umfassend, sondern selektiv.
Die Sinnessysteme filtern den größten Teil der von außen zur Verfügung stehenden Reize aus.
Eine annähernde Vorstellung von der informationsreduzierenden Wirkung der Sinnessysteme im Verlauf des Signalwegs vom Reiz zum Sinneserlebnis vermittelt eine Überschlagsrechnung, die Küpfmüller (1962, 1483) durchgeführt hat. Er vergleicht die

Schätzungen verschiedener Autoren bezüglich der maximalen Übertragungskapazität der Nerven, das heißt der Verbindungen zwischen den Rezeptoren und dem Gehirn, und gibt eine Zahl von 2 x 10^8 bit pro Sekunde an.
Auf den Sehnerv übertragen würde das bedeuten, daß dieser – von seiner Konstruktion her – in der Lage wäre, die Signalmenge von 500 Buchseiten pro Sekunde zu übertragen.[19] Geht man außerdem davon aus, daß sich im Verlauf der Evolution eine derartige Kapazität nicht völlig nutzlos herausgebildet hat, dann läßt sich das Ausmaß der Selektion durch einen Vergleich zwischen dem, was von der Übertragungskapazität her möglich ist, und dem bewußt Wahrgenommenen, verdeutlichen.
Würde die maximal übertragbare Informationsmenge vom Gedächtnis vollständig gespeichert, so ließe sich das Studium eines Faches auf wenige Sekunden beschränken. Die Tatsache, daß dies offensichtlich unmöglich ist, veranschaulicht die Selektions-, Verarbeitungs- und Reduktionsleistung des Wahrnehmungsapparates.[20]
Resümee: Der größte Teil der ankommenden Signale wird – auch bei Planungsaufgaben – nicht wahrgenommen.

Eine Frage, die sich in diesem Zusammenhang stellt, zielt darauf ab zu ermitteln, wieviel Informationen ein Mensch gleichzeitig aufnehmen und verarbeiten kann. Hier ist nicht die Speicherkapazität des (Langzeit-)Gedächtnisses gemeint. Diese ist „für alle praktischen Zwecke, die wir uns vorstellen können, (...) unbegrenzt" (Lindsay & Norman 1981, 238). Es geht vielmehr um die maximale Anzahl an voneinander unabhängigen Einheiten, Themen bzw. kognitiven Operationen (Newell & Simon 1972: „production systems"), die man gleichzeitig be- bzw. verarbeiten kann.
Eine der klassischen Arbeiten zu diesem Thema hat Miller (1956) veröffentlicht.[21] In einer (Re)Analyse von mehr als einem Dutzend empirischer Studien untersucht er die „Kanalkapazität" eines Beobachters. Konkret geht es dabei um die Menge an Informationen, bei der ein Beobachter (oder Zuhörer) das, was ihm an Informationen präsentiert wurde, gerade noch korrekt wiedergeben kann: „the channel capacity of the observer: it represents the greatest amount of information that he can give us about the stimulus on the basis of an absolute judgement. The channel capacity is the upper limit on the extent to which the observer can match his responses to the stimuli we give him." (Miller 1956, 82)
Das wesentlichste Resultat der Studie war, daß es offensichtlich kaum möglich ist, mehr als etwa sieben Themen/Einheiten/Dinge – „chunks" (Miller 1956) – gleichzeitig wahrzunehmen (vgl. auch Ebbinghaus 1885): „There is a clear and definite limit to the accuracy with which we can identify absolutely the magnitude of a uni-dimensional stimulus variable. I would propose to call this limit the span of absolute judgement, and I maintain that for unidimensional judgements this span is usually somewhere in the neighborhood of seven." (Miller 1956, 90)
Wird eine Zahl von etwa sieben überschritten, so geht das auf Kosten der Genauigkeit, mit der die Informationen aufgenommen werden: „The point seems to be that, as we

add more variables to the display, we increase the total capacity, but we decrease the accuracy for any particular variable." (Miller 1956, 88)
Andere Autoren halten auch die Zahl sieben in diesem Zusammenhang für zu hoch. Broadbent (1975) beispielsweise kommt auf der Basis eigener Untersuchungen zu dem Ergebnis, daß die Anzahl der Themen/Einheiten, die gleichzeitig aufgenommen und verarbeitet werden können, näher bei drei liegt (Broadbent 1975, 4).
Resümee: Die Verarbeitungskapazität des Denkapparats ist insoweit begrenzt, als gleichzeitig nicht mehr als drei (bis etwa sieben) Themen bearbeitet werden können. Sind es mehr, so geht das zu Lasten der Genauigkeit.
Dieses Problem kann sich auch so auswirken: Findet ein Planer bei einer vielschichtigen Problemstellung nur zwischen drei und sieben relevante Größen, Aspekte, so kann dieses Ergebnis auch durch die begrenzte Verarbeitungskapazität des menschlichen Denkapparats bedingt sein, und weniger durch die Problemstellung.

Faktoren, die die Informationsauswahl beeinflussen

Für den Planer hat die Begrenzung der Datenmenge, die er gleichzeitig zu verarbeiten in der Lage ist, Konsequenzen: Wenn von den ankommenden Signalen ein großer Teil ausgefiltert wird, dann bedeutet das, daß diese Informationen in einem Planungsprozeß nicht berücksichtigt werden können, weil sie für den Bearbeiter nicht existent sind. Fehleinschätzungen der Sachlage sind die wahrscheinliche Folge.
Das Problem wird dadurch noch zusätzlich erschwert, daß die Auswahl der bewußt aufgenommenen Informationen nicht ausschließlich nach Kriterien stattfindet, die von der Sachlage bestimmt sind, sondern daß es denktypische Muster gibt, die die Informationsauswahl beeinflussen.
Einige dieser Denkmuster (soweit sie für den Planer von Bedeutung sind) werden anhand empirischer Befunde nachfolgend erläutert.
Zunächst geht es (S. 23 ff) um Effekte der Datenpräsentation. Dann (S. 26 f) wird das Phänomen beschrieben, daß die Wahrnehmung Gruppierungen, Ordnungen und Ergänzungen herstellt, die in der Außenwelt so nicht vorhanden sind.
Des weiteren hängt die Informationsauswahl davon ab,
- ob eine Information die eigene Meinung bestätigt oder ihr widerspricht (S. 28 f),
- wie leicht diese Information (im Gedächtnis) verfügbar ist (S. 30 ff),
- wie anschaulich (konkret, plastisch) (S. 34 f) bzw.
- inwieweit sie erwünscht ist (S. 36 f).

Verfälschende Effekte bei der Datenpräsentation

Die Bearbeitung von Planungsaufgaben wird keineswegs ausschließlich durch die Problemstellung bestimmt. Eine der ersten Schwierigkeiten, die in diesem Zusammenhang

eine Rolle spielen, ist die Art und Weise, wie Daten präsentiert werden. Die gleichen Angaben anders dargeboten führen gelegentlich zu unterschiedlichen Ergebnissen.
Zu den bekanntesten Phänomenen gehört in diesem Kontext die „Primacy-" bzw. „Recency"-Tendenz. Damit wird der Effekt beschrieben, daß bei zeitlich nacheinander präsentierten bzw. nacheinander aufgenommenen (Einzel-)Informationen gelegentlich die ersten (primacy), in anderen Fällen die letzten (recency) besonders gut erfaßt bzw. erinnert und damit unter Umständen überbewertet werden (vgl. Irle 1975, 122 ff).
Resümee: Argumente, Gedanken die betont bzw. hervorgehoben werden sollen, sollten nicht irgendwo in der Mitte einer schriftlichen oder mündlichen Präsentation dargeboten werden.
Als Leser oder Zuhörer sollten sich Planer vergegenwärtigen, daß Informationen, die zu Beginn oder am Ende einer Darstellung gegeben werden, eher über- als unterbewertet werden.

Von Bedeutung ist außerdem, ob Daten in zeitlichem Abstand nacheinander (seriell) oder gleichzeitig (simultan; z.B. in einer Tabelle oder Graphik) dargeboten werden.
Ward und Jenkins (1965) haben dieses Thema im Rahmen einer Studie untersucht, in der es um die Fähigkeit von Versuchspersonen im Abschätzen von unvollständigen Zusammenhängen (Kontingenzen; vgl. Kapitel 6) ging. Die Untersuchung ergab, daß die Einschätzung von Kontingenzen nicht auf einem Vergleich von (z.B. statistisch errechneten) Wahrscheinlichkeiten, sondern auf der Häufigkeit beruht, mit der bestätigende Ereignisse wahrgenommen werden (in Kapitel 6 wird dieses Ergebnis ausführlich behandelt).
Was die Bemühungen der Versuchspersonen erheblich beeinflußte, war die Art der Datenpräsentation:
Wurden die Daten seriell vorgelegt, zeigt nur 17 Prozent der Beteiligten ein Vorgehen, das „plausiblen" Regeln[22] entsprach; wurden dagegen sämtliche Daten simultan dargeboten, so lag dieser Prozentsatz bei etwa 75 Prozent.
Die Bedeutung dieses Resultats ergibt sich aus der Tatsache, daß Informationen in der (realen) Welt häufiger seriell als simultan anfallen und erfaßt werden.
Eine Verringerung der Wahrscheinlichkeit, hier Fehler zu machen, setzt also voraus, daß serielle Daten zunächst so aufgearbeitet werden, daß sie simultan angeboten werden können.
Resümee: Die Wahrscheinlichkeit, Fehler in der Datenauswertung zu machen, ist bei seriell (das heißt im Zeitablauf) präsentierten Daten größer als bei simultan aufgearbeitetem Datenmaterial. Serielle Daten/Informationen sollten deshalb so verarbeitet werden, daß sie summarisch, d.h. auf einmal dargeboten werden können.

Daß es noch in anderer Hinsicht einen Unterschied macht, wie Daten präsentiert werden, haben Dickens et al. (1977) in einer Reihe von Experimenten demonstriert.[23] Sie fanden heraus, daß graphisch präsentierte Daten (im Gegensatz zu tabellarischen) dazu

führen, daß weniger Daten als Entscheidungsgrundlage benutzt werden, die Entscheidungen schneller gefällt werden und „besser" (im Sinne des Parameters „Produktionskosten" der Computerszenarios, vgl. Anmerkung 23) entschieden wird.
Resümee: Es ist ein Unterschied, ob Daten graphisch oder tabellarisch dargeboten werden.
Die Entscheidungen, die auf der Grundlage graphisch präsentierter Daten getroffen werden, fallen schneller und sind oft „besser" (zumindest hinsichtlich der Parameter der zitierten experimentellen Untersuchungen).
Außerdem werden bei graphisch dargebotenen Informationen weniger Daten als Entscheidungsgrundlage herangezogen. (Das kann von Nachteil sein. Es kann aber auch daran liegen, daß ein übersichtlicher Kontext („Gestalt", vgl. Kapitel 4, S. 26 f) zur Spezifizierung weniger Daten benötigt.)

Fischhoff, Slovic und Lichtenstein (1978) haben einen anderen Effekt der Datenpräsentation nachgewiesen, und zwar an sogenannten Fehlerbäumen („fault-trees"). Das sind Gliederungen, in denen die Fehlermöglichkeiten einer (Problem-)Situation aufgelistet sind, und zwar möglichst feinkörnig unterteilt. (Zum Beispiel: „Auto springt nicht an"; Fehlermöglichkeiten: (1) Kraftstoffversorung unterbrochen...(1.14) Leck in der Benzinleitung...; (2) Zündanlage defekt...etc.) Ein Schwerpunkt der Studie war, zu untersuchen, wie Versuchspersonen mit Auslassungen umgehen, ob nicht-vorgegebene Aspekte ins Kalkül gezogen werden.
Solche Bäume werden unter anderem dazu benutzt, die Fehlerwahrscheinlichkeiten komplexer Systeme (z.B. von Kernkraftwerken) zu berechnen.
Die wesentlichsten Resultate der Studie waren folgende:
- Die Versuchspersonen waren sehr unsensibel den Punkten gegenüber, die weggelassen, das heißt der Gruppe „übrige Probleme" zugeordnet worden waren. Die Bedeutung, die dieser Gruppe beigemessen wurde, fiel um so deutlicher ab, je mehr Details die übrigen Äste des Fehlerbaums enthielten.
Wurden die Versuchspersonen explizit auf diese Rest-Gruppe hingewiesen, dann stieg zwar deren eingeschätzte Bedeutung, sie erreichte aber das angemessene Maß nicht.
- Diese Insensibilität den Auslassungen gegenüber zeigten nicht nur Laien, sondern auch erfahrene Automechaniker. Bei letzteren hatte auch die Anzahl der Jahre im Beruf sowie ihre (von ihnen selbst eingeschätzte) Berufserfahrung keinen Einfluß.
- Die Wahrscheinlichkeit, mit der das Eintreten des (Gesamt-)Ereignisses (hier: „Auto springt nicht an") erwartet wurde, erhöhte sich nicht mit einer Erhöhung der Anzahl der Details des Baumes insgesamt oder seiner einzelnen Untergruppen.
- Die Bedeutung, die einem speziellen Problem-Ast zugeschrieben wurde, war um so größer, je mehr Untergruppierungen (Nebenäste) dieser Ast enthielt.
Eine Erhöhung der Anzahl der Details (eines Nebenastes) hatte keinen solchen Effekt, führte also nicht zu einer Überschätzung des (Haupt-)Problemastes.

Resümee: Eine (anscheinend) logisch gut und komplett durchstrukturierte Präsentation eines Problemzusammenhangs macht den Leser/Zuhörer regelrecht blind für alles, was weggelassen wurde – und zwar auch für kritische Auslassungen/Lücken.

Diese Ergebnisse weisen auf einen kritischen Punkt hin: Es ist offensichtlich nicht allzu schwer, Meinungen über Fehlermöglichkeiten bzw. Risiken – und entsprechend auch: Chancen – zu manipulieren.
Solche Zusammenhänge sollten deshalb (verantwortungsbewußt) angewandt werden, wenn es darum geht, die Öffentlichkeit über technische Risiken zu informieren.

Prägnanztendenz und Figur-Grund-Beziehung der Gestaltpsychologie

Die Beurteilung einer Sachlage hängt nicht nur von den von außen präsentierten Informationen ab. Das menschliche Denken stellt darüber hinaus Ordnungen, Gruppierungen her, die in der Außenwelt nicht vorhanden sind.
Diese Organisationsleistung des Gehirns ist das zentrale Thema der Gestaltpsychologie.[24] Schon Christian von Ehrenfels (1890) beispielsweise hat sie als die weitverbreitete Auffassung beschrieben, wonach Individuen „die Vorstellungen etwa einer Raumgestalt oder gar einer Melodie nicht als etwas Fertiges von außen empfangen, sondern dieselben durch Zusammenfassung der betreffenden Einzelempfindungen erst zu erzeugen genötigt sind." (von Ehrenfels 1890, 12)
Wertheimer (1923) formuliert es so: „Ist eine Anzahl von Reizen zusammen wirksam, so ist für den Menschen im allgemeinen nicht eine entsprechende (‚ebenso große') Anzahl einzelner Gegebenheiten da, die eine und die andere und die dritte und so fort; sondern es sind Gegebenheiten größeren Bereichs da, in bestimmter Abhebung, bestimmtem Zusammen, bestimmter Getrenntheit." (S. 302)
Die in Experimenten untersuchte Fragestellung der Gestaltpsychologen war (zumindest anfänglich) „ein schlichtes Tatsachenproblem: Gibt es Prinzipien für die Art so resultierender ‚Zusammengefaßtheit' und ‚Geteiltheit'? Welche?" (Wertheimer 1923, 302)
In der Folge wurde mit einer Fülle von Demonstrationen und Experimenten belegt, daß die (wahrgenommene) Ordnung der Außenwelt über weite Bereiche eine Leistung des Wahrnehmungsapparates, d.h. erst durch ihn erzeugt ist.
Zwei Studien, eine von Max Wertheimer (1923), die andere von Edgar Rubin (1921), müssen in diesem Zusammenhang als Pionierarbeiten bezeichnet werden. Wertheimer (1923) gebührt das Verdienst, die Frage, welche Zusammenhangs- und Abgrenzungsmechanismen die Wahrnehmung steuern, als erster gesehen und in Angriff genommen zu haben. Er gelangte in seiner Untersuchung, die er an graphischem (Darbietungs-) Material (Punkte, Striche, Flecken usw.) durchführte, zu einer Reihe von „Gestaltgesetzen"[25], die sich zum „Gesetz der guten Gestalt" (Prägnanztendenz) zusammenfassen

lassen: „Danach wird eine Gestalt – und überhaupt die gesamte Gliederung eines Wahrnehmungsfeldes – so einfach, regelmäßig, gut usw. wie unter den jeweils bestehenden Reizbedingungen überhaupt möglich." (Rausch 1966, 905)[26]
Resümee: Es scheint eine Tendenz zu geben, die den Menschen dazu anhält, in (relativ) ungeordnetes Datenmaterial „ordnende" Muster oder Zusammenhänge „hineinzudenken". Das bedeutet, daß die Planbarkeit der Welt in der Regel überschätzt wird.

Der zentrale Punkt in der Arbeit Rubins (1921) ist folgender: Nimmt man zum Beispiel mehrere parallele Striche, wobei jeweils ein kleinerer Abstand zwischen den Strichen einem größen folgt, so „sieht" der Betrachter zwischen den enger beieinander verlaufenden Strichen „etwas": Sie begrenzen ein Band. Der andere, größere Abstand zwischen den Strichen ist dagegen „leer".
Abbildung 1 zeigt diesen Effekt an einer Reihe wellenförmiger Linien. Fällt der Blick zunächst auf das linke Ende der Reihe, so gliedert sie sich in Spulen, die oben und unten eingeschnürt sind; fällt er auf das rechte Ende, so erfolgt eine Umgliederung in Spulen, die in der Mitte eingeschnürt sind.

1 Figur-Grund-Beziehung

In solchen Konfigurationen mit mehreren Elementen werden die (wahrgenommenen) Bereiche beiderseits einer Linie, eines „Qualitätssprungs" (Metzger 1966, 714) nicht als gleichwertig nebeneinanderstehend empfunden; auf der einen Seite des Sprungs ist vielmehr „etwas", auf der anderen Seite „nichts", und zwar auch dann, wenn die Bereiche auf beiden Seiten des Sprungs gleich sind. Ein Qualitätssprung zwingt also dazu, etwas als Vordergrund (Gegenstand), anderes als Hintergrund zu sehen.
Dieses Phänomen wird seit der Arbeit Rubins als Figur-Grund-Beziehung bezeichnet. Die Entscheidung darüber, was als Figur und was als Grund wahrgenommen wird, hängt unter anderem wiederum von den Gestaltgesetzen (siehe oben) ab.

Resümee: Im kognitiven Apparat gibt es eine Tendenz, die den Menschen dazu veranlaßt, in Konfigurationen mit mehreren Elementen die Bereiche beiderseits einer Abgrenzung, eines „Qualitätssprungs" – auch wenn sie gleich sind – nicht als gleich-(wertig nebeneinanderstehend), sondern als qualitativ unterschiedlich anzusehen. Dies bedeutet, daß Einigkeit auch dort gesehen wird, wo (unter Umständen) Mehrdeutigkeit gegeben ist.

Die Bevorzugung bestätigender Informationen

Für den Planer ist eine Strategie von besonderer Bedeutung, die das menschliche Gehirn bei der Auswahl von Informationen benutzt: daß Individuen solche Informationen bevorzugen, die ihre schon vorhandenen Annahmen (und damit häufig auch Vorurteile) bestätigen.
Die klassische Studie zu diesem Thema stammt von Wason (1960).
Die Aufgabe, die Wason seinen Versuchspersonen stellte, bestand darin, die einer vorgegebenen Ziffernfolge (2, 4, 6) zugrunde liegende Bildungsregel herauszufinden. Sie sollten sich durch folgendes Vorgehen der Lösung nähern: Auf einem Blatt Papier war jeweils links eine Folge von drei Ziffern und rechts daneben (in Worten) die von ihnen vermutete Regel zu notieren. Jedesmal nach dem Hinschreiben teilte ihnen der Versuchsleiter nicht-verbal, das heißt durch Ankreuzen (Ja/Nein) mit, ob ihre Ziffernkombination der gesuchten Regel entsprach oder nicht. Mit dem Zeichen wurde nur die Ziffernkombination als „richtig" oder „nicht richtig" gekennzeichnet; es bezog sich nicht auf die schriftlich formulierte Regel, die erst später ausgewertet wurde. Diese Prozedur (Versuchsperson notiert eine Ziffernkombination (plus Regel); Versuchsleiter kreuzt (für die Ziffernkombination) Ja oder Nein an) – konnte und sollte so oft wiederholt werden, bis sich die Versuchspersonen sicher waren, die richtige Regel formuliert zu haben. Erst dann sollten sie die gefundene Regel mitteilen.
In den Fällen, in denen die genannte Regel falsch war, wurde von neuem begonnen, und zwar so oft, bis die korrekte Regel gefunden war.
Etwa 20 Prozent der Versuchspersonen erreichten die richtige Lösung beim ersten Versuch. Nach fünf Versuchen hatten alle die richtige Lösung gefunden.
Aufschlußreich ist das Vorgehen derjenigen, die beim ersten Versuch die richtige Lösung nicht entdeckt hatten:[27]

- Nach einem Fehlversuch wurden signifikant häufiger solche Hypothesen als nächstes ausprobiert, die lediglich Modifikationen der gerade zuvor „getesteten" Hypothese waren; d.h., ausschließende (falsifizierende) Hypothesen wurden signifikant seltener benutzt.
- Die Versuchspersonen gaben sich im Verlauf des Versuchs auch sehr viel schneller (nach signifikant weniger und mit bestätigenden Hypothesen durchgeführten Versuchen) mit den jeweils gefundenen Lösungen zufrieden.

- Selbst wenn eine Regel vom Versuchsleiter als falsch gekennzeichnet wurde, war die nächste ausprobierte Hypothese in mehr als der Hälfte aller Fälle nur eine Variante der falschen Regel. Geändert wurde entweder gar nichts oder nur Teile der Regel, wie zum Beispiel Rangfolgen usw.

Die in diesem Experiment dokumentierte Bevorzugung bestätigender Hypothesen wiegt aus zwei Gründen besonders schwer: Zum einen ist ein bestätigender Beleg – wie seit Hume (1748) bekannt – kein verifizierender; ob eine Erkenntnis oder Regel „richtig" ist, läßt sich durch keine noch so große Anhäufung bestätigender Hinweise ermitteln.

Zum anderen, hier weicht das Experiment entscheidend von der Realität ab, gibt es im Alltag und damit auch bei Planungsaufgaben in der Regel keine klärende Instanz, die die Rolle des Versuchsleiters übernehmen könnte, also die mit Sicherheit sagen könnte, was richtig und was falsch ist.

In der Praxis fehlt normalerweise das Korrektiv, das in der Lage wäre, den Planer auf die Einseitigkeit seiner Wahrnehmung in einer speziellen Planungssituation hinzuweisen.

Resümee: Zu dem Problem, daß in der Regel die überwiegende Mehrzahl der zur Verfügung stehenden Informationen übersehen wird, kommt eine Schwierigkeit hinzu: Befunde aus der empirischen Psychologie belegen, daß Informationen, die dem Konzept/der Denkrichtung des Bearbeiters widersprechen, nicht nur besonders leicht übersehen werden, sondern daß sogar mit regelrechten Widerständen zu rechnen ist, wenn es um die Wahrnehmung solcher (widersprechender) Informationen geht.

Desgleichen scheint es eine Tendenz zu geben, schon nach einer geringen Anzahl (5, 6, 7 ...) von Hinweisen, die die eigene Denkrichtung bestätigen, anzunehmen, daß man mit seinen Vermutungen richtig liege.

Planer sollten außerdem bedenken, daß auch nach mehreren vergeblichen Versuchen, ein Problem zu lösen, oft zu lange in der alten Denkrichtung weitergesucht wird. Die Gefahr, so zu reagieren, ist – zumindest in der Regel – größer als die Gefahr, zu schnell einen völlig neuen Lösungsansatz auszuprobieren.

Daß erwartete Informationen im kognitiven Apparat anders verarbeitet werden als unerwartete, haben Bruner und Postman (1949/1950) in einem klassischen Laborexperiment demonstriert: Die These der Autoren war, „that for as long as possible and by whatever means available, the organism will ward off the perception of the unexpected, those things which do not fit his prevailing set. Our assumption, and it's hardly extravagant, is simply that most people come to depend upon a certain constancy in their environment (...)." (Bruner und Postman 1949/1950, 208)

In dem Experiment wurden den Versuchspersonen in einem Stachistoskop (A.d.Verl.) jeweils fünf Spielkarten nacheinander gezeigt. Ein Teil dieser Karten (zwischen einer und vier) waren „falsch" (z.B. eine schwarze Herz-Vier). Jede Karte wurde in immer länger werdenden Zeitspannen (zwischen 10 Millisekunden und einer Sekunde) pro Zeitspanne jeweils dreimal dargeboten, und zwar so lange, bis sie richtig als falsch erkannt wurde. Verglichen mit dem Erkennen der richtigen, dauerte das Erkennen der falschen Karten in der Regel viermal so lange. Selbst nach einer Darbietungszeit von einer Sekunde waren nur etwa 90 Prozent der falschen Karten als solche identifiziert worden. Bei den richtigen Karten waren schon nach 350 Millisekunden alle korrekt erfaßt.

Bezeichnend sind auch die verschiedenen Muster, nach denen die Versuchspersonen auf Widersprüche (Inkongruenzen) reagierten. Bruner und Postman fanden drei verschiedene Muster:

- Dominanz-Reaktionen: Die inkongruente Information wird ignoriert, andere Merkmale sind dagegen dominant. Eine rote Pik-6 wird beispielsweise als „Pik-6" oder „Herz-6" bezeichnet.
- Kompromiß-Reaktion: Die Versuchspersonen „erkennen" Elemente beider Informationen, der kongruenten und der inkongruenten, zugleich. Eine rote Pik-Karte wird als „Black in red light" oder „Greyish red" (S. 216) bezeichnet.
- Abbruch-Reaktion: Z.B. „I'll be damned if I know now whether it's red or what!" (S. 219). Dieses Reaktionsmuster war relativ selten und trat erst nach längeren Darbietungsintervallen auf.

Resümee: Unerwartete Informationen werden anders verarbeitet als erwartete. Typische Reaktionen auf unerwartete Informationen: Sie werden übersehen, die Beschäftigung mit ihnen wird vorzeitig abgebrochen, oder die Differenz zwischen erwarteten und unerwarteten Informationen wird mit Hilfe eines Kompromisses weginterpretiert. Eindeutigkeit wird gewissermaßen erzwungen.

Die Verfügbarkeit von Informationen

Bei Planungsaufgaben kommt es häufig vor, daß benötigte Daten nicht vorhanden sind und ihre exakte Erhebung aus Zeitmangel oder anderen Gründen nicht möglich ist, d.h., daß sie mehr oder weniger geschätzt werden müssen.
Solche Schätzungen finden nicht in einem Vakuum bzw. kontextfrei statt, vielmehr werden dazu Hinweise benutzt. Diese Hinweise können im Augenblick der Schätzung real existent sein oder lassen sich aus dem Gedächtnis reproduzieren.
Mit dem Begriff „Verfügbarkeit" wird, im Zusammenhang mit der Reproduktion solcher Hinweise aus dem Gedächtnis, das Problem umrissen, daß beim Abschätzen von Daten (Häufigkeiten bestimmter Objekte oder Wahrscheinlichkeiten bestimmter Ereignisse) das Ergebnis davon beeinflußt wird, mit welcher Leichtigkeit die entsprechenden Objekte oder Ereignisse im Gedächtnis des jeweiligen Bearbeiters verfügbar sind; anders ausgedrückt: wie schnell sie abrufbar sind. Informationen, die nur umständlich zu erreichen sind, werden oft vernachlässigt.
Beeinflußt wird die Verfügbarkeit zum Beispiel durch Unterschiede im Bekanntheitsgrad dessen, was abgeschätzt werden soll, aber auch dadurch, daß nicht alle Informatio-

nen gleich schnell aus dem Langzeitgedächtnis abrufbar sind, oder dadurch, daß das Konzentrieren auf einen Aspekt einer Situation eine Fixierung nach sich zieht, die den Zugang zu anderen Aspekten derselben Situation erschwert oder sogar unmöglich macht.

Die Auswirkungen von Publicity-Effekten haben Tversky und Kahneman (1973) untersucht:
Gibt man Versuchspersonen zwei Listen vor, eine mit im Gedächtnis leicht verfügbaren Namen sehr bekannter Persönlichkeiten (Elizabeth Tylor, John F. Kennedy etc.) und eine mit Namen weniger bekannter Personen (z.B. William Fulbright), so wird die Anzahl der bekannteren Persönlichkeiten auch dann höher eingeschätzt, wenn objektiv weniger dieser bekannteren Personen genannt wurden.

Lichtenstein et al. (1978) haben diesen Effekt der Verfügbarkeit an Alltagsthemen demonstriert. Sie gelangten zu dem Ergebnis, daß Versuchspersonen durchaus über Fähigkeiten verfügen, die Häufigkeit bestimmter Objekte oder Ereignisse halbwegs richtig abzuschätzen; so wird die Häufigkeit von Todesursachen, einzelner Worte in Texten oder von Berufen insofern richtig eingeschätzt, als ansteigende Häufigkeiten auch als solche erkannt werden. Die Schätzungen der Versuchspersonen beispielsweise der Häufigkeit von Todesursachen stimmt auch eher mit der tatsächlichen Vorkommensrate überein als mit anderen Indikatoren, wie zum Beispiel der Häufigkeit, mit der sie in Zeitungsreportagen erwähnt werden, oder auch den konkreten Erfahrungen der Versuchspersonen mit verschiedenen Todesursachen in ihrem Bekanntenkreis.

Was allerdings die Genauigkeit der Schätzungen angeht, sind die Resultate eher dürftig: Todesursachen, über die in Zeitungen öfter berichtet wird, wie Krebs, Verkehrsunfälle etc., werden in ihrer Häufigkeit überschätzt, wohingegen die weniger spektakulären („quiet killers") unterschätzt werden.

Bemerkenswert ist, daß sich die Genauigkeit der Schätzung nicht dadurch verbessern läßt, daß die Versuchspersonen explizit auf den möglichen (Verfügbarkeits-)Fehler hingewiesen werden, auch dann nicht, wenn ihnen anhand von Beispielen demonstriert wird, was ihre Vorgänger im Rahmen der Untersuchung falsch gemacht haben.

Die gleiche Studie demonstriert außerdem, daß der kognitive Apparat beim Verarbeiten großer Zahlen Schwierigkeiten hat:
- Niedrige Häufigkeiten werden über-, hohe dagegen unterschätzt.
- Werden die Häufigkeiten der Todesursachen paarweise verglichen, so ist das richtige Benennen der jeweils häufigeren nicht mehr gewährleistet, wenn die Häufigkeiten in einem Verhältnis von weniger als 2:1 stehen.
- Die Schätzungen werden ebenfalls dann fehlerhaft, wenn das Verhältnis beider Häufigkeiten Werte von mehr als $10^6 : 1$ annimmt.

Die hier verborgenen Fehlermöglichkeiten werden deutlich, wenn man bedenkt, daß in diesem Experiment Situationen untersucht werden, in denen die tatsächlichen vorkommenden Häufigkeiten bekannt sind – was in der Realität durchaus nicht immer der Fall ist.

Resümee: Wenn die Daten zu einer Planungsaufgabe geschätzt werden müssen, sollte folgendes berücksichtigt werden:
- Die Bedeutung von Themen bzw. die Häufigkeit von Ereignissen, die oft wiederholt und deshalb besonders bekannt sind, wird in der Regel überschätzt.
- Werden große Häufigkeiten paarweise verglichen, so ist das Erkennen der größeren dann nicht mehr sicher gewährleistet, wenn die Häufigkeiten in einem Verhältnis von weniger als 2:1 stehen.
- Solche Schätzungen werden ebenfalls dann fehlerhaft, wenn das Verhältnis beider Häufigkeiten Werte von mehr als $10^6 : 1$ annimmt.
- Niedrigere Häufigkeiten werden über-, hohe dagegen unterschätzt.
- Auch das Wissen um die Möglichkeit dieser Fehler verbessert die Schätzungen nicht entscheidend.

Wie sich die Tatsache auswirkt, daß nicht alle Informationen gleich schnell aus dem Langzeitgedächtnis abrufbar sind, haben Tversky und Kahneman (1973) mit einem einfachen Experiment demonstriert:
Sie konnten zeigen, daß die Häufigkeit, mit der der Buchstabe K (oder: L, N, V, R) in einem durchschnittlichen (englischen) Text als erster statt als dritter Buchstabe eines Wortes vorkommt, von der überwiegenden Mehrzahl der Versuchspersonen überschätzt wird. Die Tatsache, daß es offensichtlich leichter ist, sich Worte mit dem Buchstaben K am Anfang ins Gedächtnis zu rufen, veranlaßt die Versuchspersonen fälschlicherweise dazu, solche Worte als häufiger anzunehmen.
In einem klassischen Experiment der Denkpsychologie hat Maier (1931) auf das Problem der Blockierung von Informationen hingewiesen. In diesem Experiment, das Dunker (1935) wiederholt und damit im deutschsprachigen Raum bekannt gemacht hat, wurde den Versuchspersonen eine Aufgabe mit mehreren Lösungsmöglichkeiten gestellt: Sie sollten zwei von der Decke hängende Kordeln, eine in der Mitte des Raumes, die andere nahe der Wand, zusammenknoten. Die Schwierigkeit: Wenn man die eine Kordel in der Hand hielt, war die andere nicht erreichbar. In dem Raum befanden sich außerdem einige Gegenstände (Zangen, Stöcke, Stühle etc.).
Die Studie konzentrierte sich auf diejenige Lösungsvariante, bei der die Versuchspersonen die Kordel in der Raummitte fassen konnten, wenn sie es durch einen Gegenstand beschwert und damit zu einem Pendel umfunktioniert hatten, während sie das andere Kordel in der Hand hielten.
Diese Lösung wurde von ca. 39 Prozent der Versuchspersonen ohne Hilfe des Versuchsleiters, von etwa 37 Prozent mit Hilfen (der Versuchsleiter versetzte beispielsweise die Kordel im Vorbeigehen „aus Versehen" in Schwingung oder wies die Versuchspersonen auf die Zange hin) und von 23 Prozent auch mit Hilfen nicht gefunden.
In der Studie näher analysiert wurde nur die zweite Gruppe (Lösung mit Hilfen), weil hier zum einen die Lösung erreicht wurde und zum anderen zur Interpretation auch das beobachtbare Verhalten der Versuchspersonen herangezogen werden konnte. Man

war also – anders als in der ersten Gruppe – nicht nur auf die Berichte über Introspektionen angewiesen. Die Resultate:
- Die Lösung taucht in der Mehrzahl aller Fälle (ca. 70 Prozent) plötzlich und komplett auf. Die Wirkung der „Hilfen" ist den Versuchspersonen dabei nicht bewußt.
- Wenn sich die Versuchspersonen schrittweise an die Lösung herantasten, bevorzugen sie Variationen zu einer bereits ausprobierten Lösung; die Denkrichtung wird also auch hier beibehalten.
- Das Finden der Lösung wird durch den Hinweis auf die Zange (die zweite Hilfe) erschwert, weil die Versuchspersonen sich dann darauf konzentrieren, die Zange als Zange zu benutzen, nicht als Gewicht zum Schwingen.

Gerade dieser letzte Aspekt ist in unserem Zusammenhang von Bedeutung. Daran zeigt sich nämlich, daß das Konzentrieren auf ein Merkmal eines Gegenstandes oder Ereignisses (z.B. Zange zum Klemmen oder Ziehen) eine Fixierung nach sich zieht (Dunker 1974, 102 ff: „funktionale Gebundenheit"), und zwar derart, daß das Benutzen einer anderen Eigenschaft desselben Gegenstandes (zum Beispiel einer Zange als Gewicht) erheblich erschwert wird.

Ähnlich negative Effekte können auftreten, wenn durch Übung oder Erfahrung ein bestimmter Lösungsweg eingeschliffen ist, der sich aber bei der Bewältigung eines anderen Problems als umständlich oder unzweckmäßig erweist.

Luchins (1965) hat die Wirkung solcher Routinen untersucht. Die Ergebnisse seiner Studie gehen zum Teil so weit, daß Aufgaben, die im Grunde keinerlei Schwierigkeiten beinhalten, von der Hälfte aller Versuchspersonen nicht gelöst werden, weil sie durch eine vorangegangene Aufgabe auf einen Lösungsweg fixiert waren, der in eine Sackgasse führte: „Einstellung oder Gewöhnung verursacht eine Automatisierung der Denkvorgänge, ein blindes Vorgehen gegenüber Aufgaben; man geht an die Aufgabe nicht mit den ihr angepaßten Überlegungen heran, sondern bleibt automatenhaft bei dem eingeübten Denkmuster." (Luchins 1965, 185)

Resümee: Während der Suche nach Lösungen für eine Problemstellung geschieht es häufig, daß der Bearbeiter sich auf einige (wenige) Aspekte der Problemsituation konzentriert und versucht, hier die Lösung unter Benutzung gängiger Routinen zu finden. In diesem Fall sollte bewußt auf solche Hinweise geachtet werden, die vermuten lassen, daß dieselbe Komponente, an der man im Augenblick arbeitet, jetzt nur „von der anderen Seite" betrachtet, eine Lösungsmöglichkeit bietet. Der Grund: Sich auf einen Lösungsansatz zu konzentrieren bedeutet – zumindest in der Tendenz –, daß andere Merkmale derselben Situation/desselben Gegenstandes regelrecht zurückgedrängt werden, d.h., sie sind nicht mehr mit der gleichen Leichtigkeit wie zu Beginn der Bearbeitung der Problemstellung verfügbar.

Aus diesem Grund sollten Planer auch zu Beginn der Bearbeitung einer Problemstellung möglichst alle in diesem Zusammenhang auftauchenden Ideen schriftlich festhalten. Später blockiert der gerade in Arbeit befindliche Lösungsansatz alternative Lösungsmöglichkeiten.

Auf routinierte Lösungsverfahren zurückgreifen zu können, hat unbestrittene Vorteile. Wird aber ein bekanntes, eingeübtes Verfahren auf eine andere, nicht passende Situation angewandt, so kann das im Extremfall dazu führen, daß eine an sich völlig unproblematische Aufgabe für den Bearbeiter unlösbar wird.

Zu welchen Effekten das Problem der Verfügbarkeit in der Praxis führen kann, haben Dearborn und Simon (1958) in einer Studie aufgezeigt. Sie führten ihre Untersuchung mit 23 leitenden Angestellten eines Industriekonzerns im Rahmen eines Traineeprogramms durch. Die Versuchspersonen wurden gebeten, eine häufig in der Ausbildung von Wirtschaftsfachleuten benutzte Beschreibung eines Unternehmens zu lesen, in der mit etwa 1000 Worten eine Fülle deskriptiven Materials über eine Stahlfirma, deren Industriezweig (und die Geschichte beider) angeboten wurde.
Die Aufgabe bestand darin, in einer kurzen Stellungnahme das nach Auffassung der Versuchspersonen zentrale Problem der Firma darzustellen: das Problem, mit dem sich ein Firmendirektor als erstes befassen sollte.
Vor dem Experiment (und während des gesamten Traineeprogramms zuvor) waren die Versuchspersonen mehrfach explizit darauf hingewiesen worden, die Beurteilung der Probleme aus der Sicht des letztlich für alles verantwortlichen Generaldirektors vorzunehmen.
Die Studie ergab, daß die von den einzelnen Versuchsteilnehmern genannten „Hauptprobleme" sich statistisch signifikant voneinander unterschieden. In der Regel „erkannte" jeder die Probleme seines eigenen Tätigkeitsfeldes (Produktion, Verkauf etc.) als die zentralen Probleme der zu begutachtenden Firma wieder. Was die Fallbeschreibung sonst noch an möglicherweise relevanten Informationen zu bieten hatte, wurde schlicht übersehen.
Resümee: Es ist kaum denkbar, daß bei der Bearbeitung einer Planungsaufgabe externe Informationen benutzt werden, über die der Denkapparat des Bearbeiters nicht verfügt.
Aus diesem Grund sollten beispielsweise Ergebnisse besonders kritisch untersucht werden, wenn die vorgeschlagene Lösung sich ausschließlich auf solche Merkmale bezieht, die der (Fach-)Disziplin des Bearbeiters zuzurechnen sind. Das gilt vor allem bei Problemstellungen, bei denen viele Merkmale eine Rolle spielen, die traditionell in unterschiedlichen Disziplinen behandelt werden.

Die Überbewertung anschaulicher Informationen

Es gibt einen weiteren Punkt, der die Information beeinflußt, und damit die Möglichkeit, sie bei Planungsaufgaben zu berücksichtigen. Es geht hier darum, daß Informatio-

nen dann leichter aufgenommen werden, wenn sie anschaulich (konkret, plastisch) sind. Abstrakte Informationen werden dagegen leicht unterdrückt, vor allem, wenn sie in Konkurrenz zu anschaulichen Informationen stehen.
Borgida und Nisbett (1977) haben diesen Effekt in einem Experiment aufgezeigt, in dem Studienanfängern Informationen über zehn Lehrveranstaltungen präsentiert wurden, von denen im späteren Studium einige zu belegen waren. Die Informationen wurden auf zweierlei Weise angeboten: Eine Gruppe erhielt eine (schriftliche) Beurteilung der Kurse in Form einer Fünf-Punkte-Skala – von „exzellent" bis „schwach" (poor) –, auf der die gemittelte Bewertung von einem Dutzend ehemaliger Kursteilnehmer angegeben war. Die andere Gruppe wurde durch eine Art Forum (mündlich) informiert, das heißt von jeweils zwei oder drei Studenten, die den Kurs selbst belegt hatten. Diese gaben zunächst ebenfalls eine Bewertung des Kurses auf einer Fünf-Punkte-Skala ab und fügten dann einige wenige Anmerkungen über den Kurs hinzu.
Die Versuchspersonen wurden anschließend aufgefordert, die Kurse auszuwählen, die sie zu belegen beabsichtigten und zu beschreiben, wie sicher sie sich ihrer Entscheidung seien.
Die Studie ergab, daß die von den Studenten präsentierten Informationen wesentlich wirkungsvoller waren als die statistischen Daten. Die mündlich informierten Studenten tendierten dazu, signifikant mehr hoch bewertete und weniger schlecht bewertete Kurse zu belegen und waren sich ihrer Entscheidung erheblich sicherer als die nur durch die Skalenwerte informierten Studenten.
Dieser Effekt blieb auch dann erhalten, als man der Gruppe, die zunächst nur durch die Punktebewertung informiert worden war, den Kommentar schriftlich präsentierte, den die ehemaligen Kursteilnehmer der anderen Gruppe mündlich vorgetragen hatten. (Wobei durch einen gesonderten Test überprüft wurde, daß die Studenten den Text auch wirklich gelesen hatten.[28])
Die gleiche Information wurde also völlig unterschiedlich berücksichtigt, je nachdem ob sie mündlich oder schriftlich präsentiert wurde.
Je anschaulicher eine Information ist und je mehr „Informationseingangskanäle" (Auge, Ohr) benutzt werden, desto eher wird sie berücksichtigt.
Resümee: Besonders anschauliche Informationen werden in ihrer Bedeutung in der Regel überschätzt (zum Beispiel „farbig" geschilderte Einzelfälle; Informationen, die in einem persönlichen Gespräch vorgetragen werden; Informationen, die mehreren „Informationseingangskanälen" (Augen, Ohren) präsentiert werden etc.). Weniger einprägsame, abstrakte Informationen werden demgegenüber oft nicht ihrer Bedeutung entsprechend berücksichtigt.
Planer sollten das beim Zusammentragen von Informationen/Daten zu einer Planungsaufgabe bedenken und versuchen, anschauliche Informationen dieser Art durch objektivierendes Zahlenmaterial abzusichern bzw. zu überprüfen.
Dieses Problem impliziert Mißbrauchsmöglichkeiten: Ahnungslose Leser/Zuhörer lassen sich z.B. durch anschauliche Informationen leicht von abstrakten Daten ablen-

ken. Sei es, daß die abstrakten Daten den Absichten bzw. Interessen des Autors/Referenten entgegenstehen oder daß vertuscht werden soll, daß solche Daten gar nicht vorhanden sind.

Erwünschte Informationen werden überschätzt.

Die Wahrscheinlichkeit des Auftretens von Ereignissen wird dann höher eingeschätzt als von den gegebenen Informationen her gerechtfertigt, wenn man sich das Auftreten dieses Ereignisses wünscht.
Slovic (1966) hat diesen Zusammenhang in einem einfachen Experiment aufgezeigt: Den Versuchspersonen wurden fünf Behälter mit jeweils 100 Pokerchips gezeigt, wobei ihnen gesagt wurde, einer enthalte 30 rote Chips, einer 40, einer 50, einer 60 und einer 70, die restlichen Chips seien jeweils blau. Welcher Behälter wieviele rote bzw. blaue Chips enthielt, war von außen nicht zu erkennen.
Die Versuchspersonen wählten zu Beginn des Versuchs einen bestimmten Behälter aus, aus welchem ihnen dann eine (manipulierte und deshalb einheitliche „Zufalls"-)Stichprobe von 50 Chips vorgeführt wurde. Sie sollten angeben, mit welcher Wahrscheinlichkeit es sich um welchen der fünf Behälter handele. (Die Behälter enthielten in Wirklichkeit gleich viele blaue und rote Chips.)
Zusätzlich wurde den Versuchspersonen mitgeteilt, daß jedem der Behälter ein (Geld-)Wert zugeordnet sei, und zwar von fünf Dollar Verlust für 30 rote Chips bis zu fünf Dollar Gewinn für 70 rote Chips. Verluste und Gewinne seien zu zahlen bzw. würden bezahlt.
Die Studie kommt unter anderem zu folgenden Ergebnissen:
- Die geschätzte Wahrscheinlichkeit der fünf Ereignisse (30, 40, . . . 70 rote Chips) war bei den vier Versuchspersonen-Gruppen verschieden, und zwar abhängig von dem Geldwert, den man der Gruppe zuvor genannt hatte.
- Die Versuchspersonen tendierten konsistent dazu, das Eintreten negativer (unerwünschter) Ereignisse zu unter-, das Eintreten positiver (erwünschter) Ereignisse zu überschätzen.
- Über diese Ereignisse hinaus gab es allerdings erhebliche Differenzen im Verhalten der einzelnen Versuchspersonen: Manche waren stets optimistisch, andere nur pessimistisch; einige hielten das neutrale Ereignis (weder erwünscht noch unerwünscht) für wahrscheinlicher (vgl. Slovic 1966, 28).[29]

Eine andere Untersuchung (Morlock 1967) kommt, was den Zusammenhang von Erwünschtheit und der Erwartung eines Ereignisses angeht, zum selben Ergebnis. Die Versuchsanordnung war allerdings von der Slovics insofern verschieden, als die Versuchspersonen die Menge der zur Entscheidung herangezogenen Informationen, d.h. den Zeitpunkt des Abbruchs der Informationssuche, selbst bestimmen konnten; Morlocks These: „One way individuals may go about gathering the information they need for a decision is to collect information until their expectation or confidence in the correctness of one of the alternatives attains some criterion magnitude. Given that the strength of an expectation for an event is positively related to the desirability of that event, this criterion level should be reached with less information for desirable than for undesirable alternatives." (Morlock 1967, 296)

Die Studie bestätigte diese Vermutung: Die Informationssuche wird früher abgebrochen, wenn es sich um ein erwünschtes Ergebnis handelt.

Resümee: Eine besondere Gefahr im Umgang mit Informationen, die sich auf vom Bearbeiter erwünschte Ereignisse beziehen, liegt darin, daß die Informationssuche zu früh abgebrochen wird.

5 Zwei Denkfallen im Umgang mit Informationen

Zusätzlich zu den bisher beschriebenen Schwierigkeiten bei der Informationsaufnahme gibt es aus der psychologischen Forschung Hinweise auf Denkfallen, die sich auf den Umgang mit Informationen beziehen. Konkret geht es um zwei Fragestellungen:
Erstens: Was geschieht, wenn problemrelevante Informationen nicht auf einmal, sondern schrittweise nacheinander präsentiert werden? Werden die ersten Informationen genauso verarbeitet wie nachfolgende?
Zweitens: Wie reagiert jemand auf nicht behebbare Informationsdefizite?
Zunächst zur ersten Frage:

Zur Verarbeitung schrittweise präsentierter Informationen

Es gehört zu unseren Alltagsannahmen – und zwar nicht nur unter Planern –, daß die Qualität eines Urteils oder einer Entscheidung in der Regel um so „besser" ist, je mehr Informationen dem Bearbeiter zur Verfügung stehen; anders ausgedrückt, daß Urteile oder Entscheidungen zu einer bestimmten Problemlage um so sachgerechter ausfallen, je mehr man über eine Angelegenheit weiß.
Oskamp (1965) hat in einer empirischen Untersuchung darauf hingewiesen, daß diese Annahme falsch sein kann, und zwar vor allem in Situationen, in denen problemrelevante Informationen portioniert, das heißt in zeitlichem Abstand nacheinander angeboten werden. Die Studie konzentrierte sich auf zwei Fragestellungen: Zum einen, wie das Nacheinander von relevanten, sich ergänzenden Informationen die Art der Informationsverarbeitung beeinflußt; zum anderen, wie sich die so präsentierten Informationen auf die Überzeugung der Beurteiler auswirken, eine problemadäquate Entscheidung getroffen zu haben.
In dem Experiment wurde den Versuchspersonen (sachverständige klinische Psychologen und eine Kontrollgruppe) in vier Schritten jeweils mehr Information über einen Fall aus der klinisch-psychologischen Praxis präsentiert. Im ersten Schritt wurden nur einige demographische Daten eines 29-jährigen Patienten angegeben. Im zweiten Schritt kam Material aus seiner Kindheit dazu, bis schließlich im letzten Schritt seine Aktivitäten bis zum 29. Lebensjahr beschrieben wurden.
Nach jedem Schritt hatten die Versuchspersonen jeweils 25 Fragen zu beantworten, bevor sie weitere Informationen erhielten. Zusätzlich wurden sie anzugeben gebeten, wie zuversichtlich sie seien, die Fragen korrekt beantwortet zu haben. Die wesentlichsten Ergebnisse der Studie waren folgende:
- Die Zuversichtlichkeit der Versuchspersonen, ein korrektes Urteil getroffen zu ha-

ben, nahm mit den von Schritt zu Schritt zusätzlich präsentierten Informationen beständig und signifikant zu.
- Die Qualität der Urteile verbesserte sich im Verlauf des Experiments nicht signifikant.
- Die durchschnittliche Anzahl derjenigen Merkmale, bezüglich derer die Versuchspersonen ihre Meinung im Verlauf des Experiments änderten, nahm während des Experiments signifikant ab.

Von Bedeutung ist, daß die Überzeugung der Versuchspersonen, ein korrektes Urteil gefällt zu haben, mit der Menge der präsentierten Information zunimmt, und zwar unabhängig von der Anzahl der korrekten Urteile.

Dieses Ergebnis zeigt, daß eine Steigerung des Selbstvertrauens, was die eigene Urteilskraft angeht, nicht notwendigerweise und in jedem Fall mit einer gleichzeitigen Verbesserung der Sachkompetenz gekoppelt sein muß. Es gibt durchaus Fälle, in denen das Selbstvertrauen, eine Problemstellung adäquat beurteilen zu können, sich auch ohne den nötigen Sachverstand herausbildet.

Die Frage, in welcher Weise die zusätzlichen Informationen eigentlich benutzt werden, wird durch das dritte Resultat angedeutet. Die abnehmende Anzahl der (aufgrund der besseren Informationen vorgenommenen) Revisionen ursprünglicher Urteile spiegelt den Informationsverarbeitungsprozeß wider: „as more information was presented, the number of changed answers decreased markedly and significantly. This finding suggests that the judges may frequently have formed stereotype conclusions rather firmly from the first fragmentary information and then been reluctant to change their conclusions as they received new information. At any rate, the final stage of information seems to have served mainly to confirm the judges' previous impressions rather than causing them to revamp their whole personality picture (...)." (Oskamp 1965, 264)

Zusätzliche Information führt also eher selektiv zur Bestätigung der eigenen, zu Beginn gefaßten (Vor-)Urteile als zur Revision falscher Annahmen.

Resümee: Im Zusammenhang mit portioniert dargebotener Information gibt es zwei kritische Punkte:

Zum einen kann eine kontinuierliche Präsentation relevanter Informationen das Selbstvertrauen erzeugen, eine Problemstellung adäquat beurteilen zu können, und zwar ohne daß sich zugleich die nötige Sachkenntnis verbessert. Zum anderen besteht die Gefahr, daß die anfangs präsentierten Informationen dazu benutzt werden (Vor-)Urteile aufzubauen, während spätere nur noch herangezogen werden, um die zu Beginn gefaßten Urteile zu bestätigen.

Eine Reaktionstendenz auf Informationsdefizite

Die in diesem Kapitel beschriebene Denkfalle wird in sozialwissenschaftlichen Untersuchungen als Inkonsistenz bezeichnet. Mit diesem Begriff wird das Problem umschrie-

ben, daß Individuen häufig nicht in der Lage sind, in sich wiederholenden, identischen Situationen ein beständiges Urteil oder Verhalten zu zeigen bzw. aufrechtzuerhalten, sondern sich sprunghaft (inkonsistent) verhalten, wenn diese Situationen zu einem gewissen Grad mit Unsicherheiten, Unwägbarkeiten behaftet, die zur Verfügung stehenden Informationen aber absolut identisch sind.[30]
Einhorn (1972) demonstriert diesen Effekt in einer Studie, in der er untersucht, wie zuverlässig Expertenurteile zu identischen Situationen sind, wenn sie zu verschiedenen Zeiten getroffen werden. In seinem Experiment wurden erfahrene Ärzte aufgefordert, anhand von Biopsie-Dias eine Diagnose[31] für 193 Krebskranke zu stellen. Dabei waren 26 dieser 193 Dias doppelt vorhanden. Mit Hilfe der doppelt vorhandenen Dias konnte Einhorn eine erhebliche Unbeständigkeit in den Diagnosen der Ärzte nachweisen: Ihr Urteil wurde (im Durchschnitt) nur zu 50 Prozent durch die Dias bestimmt. Bei der in ihrer Beurteilung am wenigsten konsistenten Versuchspersonen war das sogar nur zu etwa 21 Prozent der Fall.
Zur Frage, wovon das Auftreten inkonsistenter Verhaltensweisen abhängt, hat Brehmer (1976) eine Reihe von Studien zusammengefaßt. Dabei zeigt sich, daß die Struktur der Aufgabe eine wesentliche Rolle spielt:
- Themen- bzw. Aufgabenstellungen mit einem hohen Grad an Unsicherheit führen zu einer Zunahme des inkonsistenten Verhaltens.
- Aufgaben, in denen die Beteiligten nicht-lineare Beziehungen berücksichtigen müssen, führen ebenfalls zu einer Zunahme der inkonsistenten Verhaltensweisen.
- Inkonsistente Verhaltensweisen treten auch dann häufiger auf, wenn in einer Aufgabe mehr als eine Komponente zu berücksichtigen ist.

„Tasks that are highly uncertain, require the subjects to use multiple cues, and include nonlinear relations lead to lower consistency and more conflict than do those that are highly predictable, require the subjects to use only one cue, and have linear cue-criterion relations." (Brehmer 1976, 998)
Brehmer weist noch auf einen anderen Punkt hin, der für Planer von Bedeutung sein kann, wenn es darum geht, ein auf den ersten Blick rätselhaftes Verhalten eines Verhandlungspartners oder eine unerwartete destruktive Entwicklung in einem Arbeitsteam zu erklären:
Das Problem bezieht sich auf den Zusammenhang zwischen der Zunahme inkonsistenter Urteile und Verhaltensweisen und der Änderung bzw. Aufgabe einer Meinung, Ansicht etc. Stellt man beispielsweise Versuchspersonen vor die Aufgabe, sich auf ein gemeinsames Urteil über bestimmte Diskussionspunkte zu einigen, über die sie zuvor unterschiedlicher Meinung waren, so nähern sich die Standpunkte einander an, wenn die Versuchspersonen interagieren. Das heißt, die Standpunkte ändern sich. Dabei werden zuvor vorhandene Ansichten abgebaut. Das ist die Grobformulierung einer aus der Sozialpsychologie bekannten Tatsache.
Brehmer (1976, 990 ff) weist dazu nach, daß mit der Aufgabe bzw. Veränderung des eigenen Standpunktes eine Zunahme an inkonsistenten Urteilen und Verhaltensweisen

verbunden ist. Da das Ablösen von einem Standpunkt schneller erfolgt als die Übernahme eines neuen (siehe dazu Brehmer 1976, 992), ergibt sich – zumindest für die Zwischenzeit, weil klare, bisher vorhandene Leitlinien fehlen – eine Zunahme der inkonsistenten Verhaltensweisen.
Diese Inkonsistenzen führen dann ihrerseits zu neuen Unstimmigkeiten und Meinungsverschiedenheiten, weil die damit verbundenen unerwarteten und oft sprunghaften Veränderungen im Verhalten des einen Partners für den anderen nicht interpretierbar sind. Die Erklärung wird oft im motivationalen statt im kognitiven Bereich gesucht.
Die Zunahme der inkonsistenten Verhaltensweisen geschieht dabei in einem solchen Maße, daß am Ende einer Diskussionsrunde sich zwar die Standpunkte angeglichen haben, die Unstimmigkeiten aber geblieben sind. „In the beginning of the conflict stage, most of the subjects' disagreement was caused by the systematic differences between their policies (i.e., by systematic differences in the way they weighted the cues). At the end, however, most of their disagreement was caused by lack of consistency." (S. 990)
„... and what started as a purely cognitive disagreement turns into a full-scale emotional and motivational conflict." (Brehmer 1976, 986)
Der hier skizzierte Zusammenhang liefert die Erklärung für eine Reihe höchst paradoxer Situationen.

- Zum Beispiel läßt sich damit aufzeigen, daß der Prozeß einer Änderung an sich schon Konflikte hervorruft, indem er Inkonsistenzen in den Entscheidungen und Verhaltensweisen der Beteiligten produziert, die ihrerseits wieder zu Unstimmigkeiten führen.
- Damit läßt sich auch erklären, warum (Arbeits-)Gruppen auch dann schon desintegrieren, wenn sich nur die äußeren Bedingungen ändern (was normalerweise eher mit motivationalen Änderungen bei einzelnen Mitgliedern erklärt wird).
- Ebenso führt eine Änderung von Ansichten zu Schwierigkeiten zwischen Personen, die ähnliche Ansichten haben; und zwar auch dann, wenn sich ihre Ansichten in die gleiche Richtung verändern.

Resümee: Im Umgang mit Problemstellungen, die mit Unsicherheiten, Unwägbarkeiten behaftet sind, scheint es eine Tendenz zu geben, die den Menschen dazu veranlaßt, sich inkonsistent zu verhalten bzw. inkonsistente Entscheidungen zu fällen, und zwar auch dann, wenn die bei jeder Entscheidung zur Verfügung stehenden Informationen absolut identisch sind.

6 Fehler bei der Beurteilung von Zusammenhängen

Begründete Hypothesen darüber zu entwickeln, wie die einzelnen Komponenten einer Planungssituation zusammenhängen, ist ein wesentlicher Bestandteil jeder Planungsaufgabe. Ein Planer muß wissen, was sich wie gegenseitig beeinflußt, was wodurch bewirkt wird. Die genaue Kenntnis von Zusammenhängen ist (normalerweise) die Voraussetzung für den Erfolg einer Planung.
Solche Zusammenhänge abzuschätzen, ist meistens dann relativ einfach, wenn die Wirkung einer Aktion jedesmal und sofort eintritt oder wenn es hinreichendes Wissen über den Gesamtzusammenhang gibt und genügend Zeit zur Verfügung steht, sich in die Problematik einzuarbeiten. Bekanntermaßen ist das bei Planungsaufgaben fast nie der Fall. Dem Planer bleibt in der Regel also nichts anderes übrig, als Zusammenhänge aufgrund der ihm zur Verfügung stehenden, meist lückenhaften Informationen abzuschätzen.
Erschwerend kommt hinzu, daß die zu beurteilenden Effekte unabhängig von konkreten Maßnahmen auftreten können, weil unerkannte Wirkungszusammenhänge mit eine Rolle spielen. Eine Problemlage verändert sich gelegentlich in die gewünschte Richtung, ohne daß der Planer etwas unternommen hätte. Patienten werden auch ohne Medikamente gesund. Und Regen fällt normalerweise auch dann, wenn kein Flugzeugpilot versucht hat, Wolken durch „Impfen" zum Abregnen zu bringen.
Die Frage ist also, wie treffsicher Menschen beim Abschätzen von unvollständigen (kontingenten) Zusammenhängen sind, wenn der tatsächliche Zusammenhang (= auf der Realitätsebene; auf der Symbolebene beschrieben:) irgendwo zwischen Null (= kein Zusammenhang) und Eins (= vollständiger Zusammenhang) liegt. (Diese Kategorie von Zusammenhängen ist gemeint, wenn im folgenden von „Kontingenzen" die Rede ist.)

Das Abschätzen kontingenter Zusammenhänge

Untersucht wurde diese Fragestellung an sogenannten Vierfeldertafeln. Geschätzt werden soll dabei der Zusammenhang zwischen zwei Komponenten, zum Beispiel einem beobachteten Effekt (Kinder versagen in der Schule) und einer der möglichen Ursachen (massive Verkehrslärmbelastung der elterlichen Wohnung). Als Informationsgrundlage stehen vier Häufigkeiten (die Zahlen in den vier Feldern) zur Verfügung.

		Massive Verkehrslärmbelastung der elterlichen Wohnung	
		vorhanden	nicht vorhanden
Kinder versagen in der Schule	ja	80	10
	nein	20	40

2 Beispiel einer Vierfeldertafel

Auf den ersten Blick erscheint diese Aufgabe elementar und unkompliziert: Die Zahl der Ausprägungen der Komponenten ist auf zwei begrenzt, die Informationen werden in einer leicht überschaubaren Form dargeboten.
Trotzdem zeigen empirische Untersuchungen – zwei der bekanntesten stammen von Jenkins und Ward (1965) und Smedslund (1963) –, daß die anhand solcher Aufgabenstellungen vorgenommenen Schätzungen fehlerhaft sind.
In der Studie von Smedslund wurde untersucht, wie treffsicher Erwachsene (Schwesternschülerinnen aus Denver und Oslo) den Zusammenhang zwischen Symptomen und einer Krankheit diagnostizieren können. Die Informationen dazu wurden auf 100 Karten mit verschiedenen Symptom-Krankheit-Konstellationen[32] präsentiert. Das Ergebnis war enttäuschend, die Schätzungen sehr schlecht.
Die zweite Studie (Jenkins und Ward 1965) weist ebenfalls nach, daß das Beurteilen solcher Beziehungen dem menschlichen Gehirn enorme Schwierigkeiten bereitet. In ihrem Laborexperiment bestand die Aufgabe der Versuchspersonen darin, den Zusammenhang zwischen eigenen Aktionen (Betätigen von Schaltern etc.) und den daraufhin erfolgenden Reaktionen einer Apparatur herauszufinden. Das Ergebnis: Das Ausmaß, in dem die Versuchspersonen glaubten, den Mechanismus unter Kontrolle zu haben, hatte mit den tatsächlichen Zusammenhängen wenig zu tun.
In beiden Studien beruhen die Beurteilungen nahezu ausschließlich auf der Anzahl der (vom Beobachter wahrgenommenen) erfolgreichen Versuche. Bei Smedslund (1963) also dem Inhalt des ersten Feldes: Symptom vorhanden/Krankheit vorhanden. Die drei möglichen anderen Ereigniskombinationen (nur Symptom, nur Krankheit, keines von beiden) bzw. die Reaktion von erfolgreichen zu nicht-erfolgreichen Versuchen werden nicht als Informationsgrundlage zur Beurteilung des Zusammenhangs benutzt.
Die Versuchspersonen schätzen den Zusammenhang um so stärker ein, je mehr erfolgreiche Versuche vorhanden sind (vgl. Jenkins und Ward 1965).
Bestätigt der Ausgang eines Versuches – womöglich mehrfach – die subjektiven Erwartungen der Versuchsperson, so schätzt diese in aller Regel die Wahrscheinlichkeit des Eintretens dieses Ereignisses höher ein, als sie mathematisch-statistisch tatsächlich ist. Die Überschätzung fällt dabei um so höher aus, je öfter das Ereignis eintritt und je länger ein anderer, nicht erwarteter Ausgang des Versuchs zurückliegt (vgl. Smedslund 1963).

Daß diese Fehlleistung ein sehr robustes Phänomen ist, haben Jenkins und Ward (1965) in einer Reihe von Folgeexperimenten demonstriert:
Es spielt keine Rolle, ob man aktiv in eine Situation involviert ist oder nur als Beobachter. Ebenso ist die Formulierung des Ergebnisses den Versuchspersonen gegenüber, ob positiv (lobend) oder neutral, ohne Einfluß. Desgleichen ergibt ein Vorgehen, bei dem die Versuchspersonen bewußt versuchen, ihr Gedächtnis (allerdings ohne Hilfsmittel, wie z.B. Notizen) zu benutzen, kein besseres Resultat als ein reines Versuchs-Irrtum-Vorgehen.
Ein Vortraining konnte ebenfalls nichts bewirken. War das Vortraining so angelegt, daß etwa genausoviele bestätigende wie nicht-bestätigende Fälle auftraten, dann reduzierte sich zwar die oben erwähnte Überbewertung der bestätigenden Fälle signifikant, die Gültigkeit (Validität) der Beurteilung wurde dadurch aber nicht gesteigert.
Eine andere Studie (Estes 1976) kommt in diesem Zusammenhang zu folgendem Ergebnis: Die Basis für die Beurteilung der Qualität eines Zusammenhangs scheint nicht eine Abschätzung von Wahrscheinlichkeiten zu sein, sondern eher das Ergebnis einer „Abzählung" von im Gedächtnis gespeicherten Episoden. Assoziiert jemand eine anstehende Aufgabe mit einer früheren Problemstellung, dann werden Zusammenhangskonstellationen angenommen, die am Ende zu einem Resultat führen, das dem der damaligen Situation gleicht.
Der mögliche Fehler ergibt sich dabei aus der Tatsache, daß länger zurückliegende Ereignisse nicht mehr in allen Einzelheiten erinnert werden. Die fehlenden Teile werden in diesem Fall im Gedächtnis rekonstruiert, was unter Umständen zu erheblichen Abweichungen von der Realität führen kann.
Die Studien belegen, daß es dem menschlichen Gehirn offensichtlich an einer kognitiven Struktur fehlt, die es ermöglicht, solche Zusammenhänge korrekt zu erfassen.
Von der Sache her entspricht das Verhalten der Versuchspersonen einer Denkweise, die auf die Frage, ob Gott Gebete erhört, mit „ja" antwortet, „weil ich oft etwas erhalten habe, wenn ich Gott vorher darum gebeten hatte".
Resümee: Die Qualität kontingenter Zusammenhänge sollte berechnet[33], nicht geschätzt werden. Ist das unmöglich, so sollte man besonderes Augenmerk auf diejenigen Fälle richten, in denen die beabsichtigte Wirkung *nicht* auftritt. Die Anzahl dieser Fälle ist der Anzahl der Fälle gegenüberzustellen, die erfolgreich abgelaufen sind.

Fehler beim Beurteilen kombinierter Wahrscheinlichkeiten

Das Fehlen einer kognitiven Struktur zum Abschätzen kontingenter Zusammenhänge wirkt sich natürlich auch aus, wenn Kombinationen solcher Zusammenhänge beurteilt werden sollen, wenn es also um die Frage geht, wie gut Menschen kombinierte, überlagerte Wahrscheinlichkeiten schätzen können.

Um welche Art von Aufgabenstellung es sich dabei handelt, zeigt das in der Einführung gegebene (Architekten-)Beispiel (siehe Kapitel 1, S. 7 ff).
Die Behandlung überlagerter Wahrscheinlichkeiten ist in einer ganzen Reihe von Situationen von verschiedenen Autoren untersucht worden. Hier seien lediglich die Arbeiten von Lyon und Slovic (1976) und Bar-Hillel (1980) erwähnt.[34]
Bar-Hillel untersucht im Taxi-Beispiel (vgl. Fußnote 34, 2) einen Spezialfall solcher Wahrscheinlichkeitskombinationen, und zwar die Berücksichtigung von Informationen über die Verhältnisse in Grundgesamtheiten (base-rates).
Das Resultat beider Studien läßt sich kurz und bündig zusammenfassen: Die Versuchspersonen waren nicht in der Lage, überlagerte Wahrscheinlichkeiten zu schätzen. Daran konnten auch Variationen der experimentellen Randbedingungen nichts ändern: „The genuineness, the robustness, and the generality of the base-rate fallacy are matters of established fact." (Bar-Hillel 1980, 215)
Kahneman und Tversky (1973) vermuten auch dazu, daß es dem Gehirn schlicht an einer kognitiven Struktur fehlt, verschiedene Wahrscheinlichkeiten miteinander zu verrechnen.
Die Studie von Lyon und Slovic kommt zu folgendem Ergebnis: „when evidence specific to a case is known to be correct with probability p, few persons recognize that base-rate considerations work to make the accuracy dependent upon which state the evidence implies. People are confident that a device which is 80 % accurate regardless of the true state, is always 80 % accurate. It appears to be so simple that they wonder why anyone would even question the stated probability". (1976, 297)
Die meisten Versuchspersonen fällt also gar nicht auf, daß hier zwei Aspekte gleichzeitig zu verrechnen sind.
Resümee: Wenn es darum geht, die Wahrscheinlichkeit abzuschätzen, mit der ein bestimmtes Ereignis eintritt, sollte sorgfältig überprüft werden, ob die Häufigkeit des Auftretens dieses Ereignisses nicht noch durch andere zugrundeliegende Wahrscheinlichkeiten mitbestimmt bzw. von diesen überlagert wird. Planer sollten darauf besonders achten, weil bei überlagerten Wahrscheinlichkeiten in der Regel eine völlig ignoriert bzw. übersehen wird. Man kommt oft gar nicht auf die Idee, daß hier eine weitere Wahrscheinlichkeitsbedingung eine Rolle spielen könnte.
Wurde dieser Fehler vermieden und eine zugrunde liegende Wahrscheinlichkeitsbedingung identifiziert, so sollte die überlagerte Wahrscheinlichkeit nicht nur geschätzt, sondern zur Kontrolle auch berechnet werden. Der Grund: Es fehlt dem Gehirn offenbar die kognitive Struktur zum Verrechnen solcher überlagerten Wahrscheinlichkeiten.

Die Wahrnehmung von Zufallsereignissen

Ein Thema wurde bisher nicht behandelt. Wenn das menschliche Gehirn kein Schema besitzt, Kontingenzen (zwischen Null und Eins; siehe oben) korrekt zu erfassen, wie steht es dann mit Zufällen, das heißt mit Situationen, in denen ein Zusammenhang nicht existiert? Ist es in der Lage, eine bestimmte Konstellation als zufällig zu erkennen? Anders ausgedrückt: Kann der menschliche Denkapparat nicht-zufällige von zufälligen Ereignissen unterscheiden, wenn beide in einer Serie vermischt sind?

Die Antwort ist nach den bisherigen Erläuterungen klar und naheliegend: Dem Gehirn ist es nicht ohne weiteres möglich, zufällige von nicht-zufälligen Ereigniskonstellationen zu unterscheiden.

Empirisch untersucht wurde diese Themenstellung unter anderem in einer sehr einfach aussehenden Studie von Wagenaar (1970). 203 Versuchspersonen sollten aus einer Folge nicht-zufälliger binärer Sequenzen (zum Beispiel schwarzen und weißen Punkten), dazwischengemischte zufällige Sequenzen herausfinden. Der Vorteil dieses Experiments liegt in seiner Schlichtheit: Weder Effekte der sequentiellen Präsentation der Informationen noch semantische Überlagerungen können sich störend auswirken.

Der kritische Punkt, um den das Experiment konstruiert wurde, ist die Tatsache, daß Versuchspersonen beim Abschätzen von zufälligen Ereignissen ihre Beurteilung auf eine viel zu geringe Anzahl von Ereignissen gründen. (Dieser Befund wird im folgenden Kapitel genauer beschrieben; vgl. Tversky und Kahneman 1971, 1972.)

Aus diesem Grund benutzt Wagenaar in seinem Experiment die Anzahl der Wiederholungen, ausgedrückt durch bedingte Wahrscheinlichkeiten (auf schwarz folgt schwarz, auf weiß folgt weiß) als experimentelle Variable (vgl. Wagenaar 1970, 351).

In der Studie wurden verschiedene Werte solcher bedingter Wahrscheinlichkeiten zwischen 0.2 und 0.8 (in einer zufälligen Serie ist sie 0.5) in Schritten von 0.1 untersucht. Unterschieden wurde außerdem, ob die zusammengehörenden Ereignisse unmittelbar nacheinander (schwarz, schwarz) oder mit einem Zeichen (schwarz, weiß, schwarz) oder zwei Zeichen (schwarz, weiß, weiß, schwarz) dazwischen präsentiert wurden. (Für eine detaillierte Beschreibung der Studie vgl. Wagenaar 1970, 350 ff.)

Die beiden wesentlichsten Resultate:
- Nicht-zufällige Einschlüsse in einer Menge zufälliger Ereignisse werden in der Regel nicht erkannt.
- Die Versuchspersonen scheinen ihre Beurteilung danach vorzunehmen, was eine größere Menge von Ereignissen gemeinsam hat. Die Anzahl der gemeinsam betrachteten Ereignisse wird in der Studie bei etwa sechs (oder etwas mehr) vermutet.

Resümee: Der menschliche Denkapparat kann nicht ohne weiteres zwischen zufälligen und nicht-zufälligen Ereignissen unterscheiden. Das heißt zum Beispiel, daß nicht zu sehen ist, ob eine (unabhängige und zufällige) Stichprobe auch wirklich unabhängig und zufällig ist. Das muß erst geprüft werden, wenn statistische Daten benutzt werden sollen, die auf solchen Stichproben basieren.

Empirische, konzeptionelle und semantische Zusammenhänge

Bisher wurde die Fähigkeit des menschlichen Denkapparats untersucht, kontingente Zusammenhänge anhand von Daten (Zahlenmaterial) abzuschätzen. Planung (und Wissenschaft) beinhaltet aber mehr: Außer der Beschäftigung mit Objekten gehören der Bereich der Theorien (die konzeptionelle Ebene) und die Sprache (die semantische Ebene) dazu.
Zu dieser Dreiteilung zunächst die folgende Erläuterung, (eine detaillierte Darstellung findet sich bei Bunge 1974; einführend 1967, 56 ff):
Die Unterscheidung zwischen konzeptioneller (theoretischer) und empirischer (realer) Ebene ist nötig, weil nicht jede Entität auf der konzeptionellen Ebene ein Pendant auf der empirischen Ebene hat.
Die Zahl sieben („7") beispielsweise gibt es nur als Konzept, das heißt auf der konzeptionellen Ebene, und nicht auf der empirischen. Was es auf empirischer Ebene gibt, sind sieben Häuser, sieben Städte, sieben „irgendwas", aber nicht „sieben" alleine. Daß man die Zahl sieben auf eine Tafel schreiben kann, macht daraus ein semantisches und kein empirisches Objekt.
Es ist (deshalb) zweckmäßig, zwischen konzeptionellen und empirischen Problemstellungen zu unterscheiden (vgl. dazu auch Laudan 1977, 11 ff). Architekten beschäftigen sich beim Hausbau (primär) mit empirischen Problemstellungen. Konzeptionelle Problemstellungen sind theoretische Diskussionen, die völlig unabhängig von empirischen Problemen geführt werden können: Als Newton sein Weltbild präsentierte, ergaben sich daraus ernste konzeptionelle Probleme (wie können sich zwei Massen gegenseitig anziehen?). An den Fakten hat sich dadurch aber nichts geändert. (Die Planeten und ihre Bahnen sind davon unbeeinflußt geblieben.)
Das bedeutet zugleich, daß Konzepte (Theorien, Ideen) gedankliche Konstruktionen sind und damit „fictions" (Bunge 1974, 13). Sie sind deshalb auch nicht, wie oft behauptet wird, sehr „mächtig"; „ideas in themselves, being fictions, are impotent." (Bunge 1980, 173)
Von diesen beiden Ebenen ist die semantische (sprachliche) Ebene zu trennen, weil es in Planung und Wissenschaft oft geschieht, daß der Inhalt eines Terminus im Laufe der Zeit umdefiniert wird. So hat Newton das Wort „Masse" umdefiniert, Einstein das Wort „Raum" und Darwin das Wort „Spezies". Auch das Wort „Satellitenstadt" hat heute einen deutlich negativeren Beigeschmack als vor zwanzig Jahren. Man kann zum Beispiel das Wort „Hochhaus" auf ein Blatt Papier schreiben und dieses Blatt zu Boden fallen lassen und hat dabei manches bewegt, sicher aber kein Konzept, keine Theorie und schon gar kein Hochhaus. (Für eine detaillierte Diskussion dieses Themenkomplexes, und vor allem zum Problem der Wechselwirkung zwischen den einzelnen Ebenen, indem zum Beispiel aus Konzepten Dinge werden können („Verdinglichungstendenz"), vgl. Bunge 1974; siehe auch Kapitel 12, S. 110)
Im Hinblick auf das Abschätzen kontingenter Zusammenhänge ergibt sich aus der Un-

terscheidung von empirischer, konzeptioneller (theoretischer) und semantischer Ebene die Frage, ob der Denkapparat dabei nicht Zusammenhänge auf der einen Ebene dazu benutzt, um solche auf einer anderen Ebene zu eruieren.
Die Gefahr dabei: Was sprachlich (verbal-assoziativ) verknüpft ist, braucht auf der empirischen Ebene nichts miteinander zu tun haben. Dasselbe gilt für die konzeptionelle Ebene: Was dort, das heißt in der Theorie, als in Zusammenhang stehend angesehen wird, braucht deshalb noch lange nicht auf der empirischen Ebene miteinander in Beziehung zu stehen.
Konkret lassen sich zwei Fragen formulieren:
Erstens: Ist es möglich, daß der Denkapparat Zusammenhänge auf der semantischen Ebene und Zusammenhänge auf der empirischen Ebene verwechselt? Anders ausgedrückt: Gibt es Belege dafür, daß sprachliche Zusammenhänge dazu verleiten, Zusammenhänge auf der empirischen Ebene anzunehmen, die es in Wirklichkeit gar nicht gibt?
Ließe sich diese Frage bejahen, hätte das erhebliche Konsequenzen: Den Psychoanalytikern wird beispielsweise vorgeworfen, das Opfer einer solchen Verwechslung zu sein. Jahrzehntelange Irrwege in der Psychologie, zum Beispiel die völlig überzogene Suche nach den menschlichen „Eigenschaften", ließen sich damit erklären (vgl. Shweder 1977, 639 ff); ebenso viele Alltagsvorurteile: Die Zunahme der Sexualverbrechen habe etwas mit den steigenden Verkaufszahlen pornographischer Hefte zu tun; oder: Erwachsene, die im bürgerlichen Sinne wenig angepaßt sind, seien Erzieher, die ihre Kinder eher gewähren lassen.
Bei der *zweiten Frage* geht es um die beiden anderen Ebenen, die empirische und die konzeptionelle:
Wie wirkt es sich aus, ob die Schätzung eines kontingenten Zusammenhangs anhand von Theorien (theoriegeleitet) oder auf der Grundlage von Zahlenmaterial (datengeleitet) vorgenommen wird? Kommt dabei eigentlich dasselbe heraus? Sollte das nicht der Fall sein, wäre zu fragen, zu welchen Fehlern beide Ansätze führen.
Was ist, wenn gerade bei den Zusammenhangsstärken, die bei der Planung (und in der Sozialwissenschaft) besonders häufig vorkommen, die gravierendsten Differenzen zwischen theoriegeleiteter und datengeleiteter Schätzung auftreten? (Bei allem, was mit sozialen Komponenten zu tun hat, gibt es nur sehr selten Zusammenhänge mit Werten oberhalb von 0.6 bis 0.7.[35])
Daß das beträchtliche Konsequenzen hätte, ist leicht einzusehen: Man müßte sich bei jeder Argumentation zunächst fragen, wovon der Autor ausgeht, von Daten oder von einer Theorie, und entsprechende Ab- oder Zuschläge einkalkulieren, falls der Urheber das nicht schon selber getan hat.
Viele sachliche Auseinandersetzungen zwischen Theoretikern und Empirikern wären damit erklärbar, nicht zuletzt vielleicht der beträchtliche Entwicklungsunterschied zwischen den sogenannten Sozial- bzw. Geisteswissenschaften und den Naturwissenschaften.

Zunächst zur ersten Frage, der Verwechslung von semantischen mit faktischen Zusammenhängen:

„Illusionäre Korrelationen" beim Abschätzen kontingenter Zusammenhänge

Innerhalb der Sozialwissenschaft wird die eben skizzierte Fragestellung unter dem Begriff „illusionäre Korrelationen" behandelt. Die klassischen Studien dazu stammen von Chapman (1967) und Chapman und Chapman (1969); dort wird auch der Terminus „illusionäre Korrelationen" vorgeschlagen, und zwar „for the report by observers of a correlation between two classes of events which, in reality, (a) are not correlated, or (b) are correlated to a lesser extent than reported, or (c) are correlated in the opposite direction from that which is reported." (Chapman 1967, 151)

Chapman (1967) hat diesen Effekt in einem einfachen Experiment mit Hilfe zweier (zufällig kombinierter) Wortreihen demonstriert, die den Versuchspersonen dargeboten wurden. Sie sollten angeben, mit welcher Häufigkeit welches Wort der einen Reihe mit einem Wort der anderen Reihe gleichzeitig präsentiert wurde. Die Versuchspersonen nannten signifikant höhere Eintretenswerte für jene Fälle, in denen das jeweilige Wort-Paar durch eine stark verbal-assoziative Affinität oder Gegensätzlichkeit gekennzeichnet war.

Daß die Wahrnehmung von Zusammenhängen auf der Realitätsebene durch solche auf der semantischen Ebene überlagert werden kann, wird noch deutlicher in der Studie von Chapman und Chapman (1969), die den Effekt der illusionären Korrelation bei der Auswertung psychologischer Tests (hier: der Diagnose männlicher Homosexualität im Rorschach-Test[36] durch Psychodiagnostiker – und Laien (als Kontrolle) –) aufzeigt. Untersucht wurde die Frage, ob „clinicians' observation of valid signs, when such signs are present, is impeded by their proclivity to observe, instead, associatively based illusory correlations". (Chapman und Chapman 1969, 272)

Dieser Test eignet sich besonders für eine solche Untersuchung, weil dabei Zeichen vorkommen, die eine ausgeprägte verbal-assoziative Beziehung zur Homosexualität haben, dennoch aber nachweislich keinen diagnostischen Wert besitzen (vgl. Hooker 1958; Chapman und Chapman 1969, 272).

Die Untersuchung ergab, daß sowohl Laien, auf der Basis des Testmaterials, in dem Zeichen (Signa) und Symptom einander zufällig zugeordnet waren, als auch Psychodiagnostiker, auf der Basis ihrer Erfahrungen – als Experten also –, dazu tendieren, dieselben Zeichen als valide Indikatoren anzusehen, und dies, obwohl diese Zeichen weder in empirischen Studien noch in dem den Laien präsentierten experimentellen Material eine valide Beziehung aufzuweisen hatten.

Von beiden – Experten und Laien – wurden jene (invaliden) Zeichen bevorzugt, für die eine signifikant stärkere verbal-assoziative Beziehung zur Homosexualität nachgewiesen werden konnte (vgl. Chapman und Chapman 1969, 274). Die in Wirklichkeit

valideren Zeichen wurden signifikant seltener als relevante bzw. valide Indikatoren genannt.
Drei weitere Resultate sind erwähnenswert:
- Die befragten Laien tendierten auch dann noch dazu, die invaliden Zeichen überproportional häufig zu nennen, wenn diese (im Experiment) nur zufällig mit den Symptomen für Homosexualität kombiniert wurden, die unpopulären, validen Zeichen aber in 67 Prozent (83 Prozent bzw. sogar 100 Prozent) aller Präsentationen (im Experiment manipuliert) gleichzeitig mit den Symptomen für Homosexualität dargeboten wurden. Das heißt, selbst eine extrem hohe Korrelation zwischen dem Symptom und den validen Zeichen veranlaßt die Versuchspersonen nicht zu einer realitätsgerechten Einschätzung.
- Die Studie zeigt außerdem, daß Psychodiagnostiker – Experten also – häufiger illusionäre Korrelationen annehmen bzw. nennen als Laien.
- Eliminiert man alle invaliden (aber populären) Zeichen aus dem Experiment, so steigt die Übereinstimmung von angenommener und tatsächlich vorhandener Korrelation wesentlich an. Speziell dieses Ergebnis bestätigt die faktenverdeckende Wirkung verbal-assoziativer Beziehungen.

In einem Folgeexperiment, das dem der Chapmans ähnelt, haben Golding und Rorer (1972) nachgewiesen, daß die Tendenz zu illusionären Korrelationen nur schwer auszuschalten ist.
Dieses Phänomen erweist sich als relativ resistent, selbst wenn das Testmaterial mehrfach nacheinander oder in einer Form angeboten wird, die der des programmierten Lernens entspricht.

Resümee: Kontingente Beziehungen zwischen einzelnen Merkmalen einer komplexen und intransparenten Planungsaufgabe sollten dann mit besonderer Sorgfalt auf ihre Stichhaltigkeit hin überprüft werden, wenn sie (a) nicht mathematisch-statistisch berechnet, sondern geschätzt wurden und wenn (b) zwischen den Merkmalen eine starke verbal-assoziative Beziehung (ein semantischer Zusammenhang) besteht.

Theorie-geleitete versus daten-geleitete Schätzung kontingenter Zusammenhänge

Analog zur Unterscheidung von faktischer und konzeptioneller (theoretischer) Ebene gibt es zwei Arten von Informationen, mittels derer ein kontingenter Zusammenhang abgeschätzt werden kann: entweder auf der Grundlage von Daten oder anhand von Vorannahmen (Theorien, Konzepten), das heißt ohne Daten. Die zur Beurteilung des Zusammenhangs notwendigen Daten müssen im letzteren Fall aufgrund von (Alltags-)Erfahrung selbständig generiert werden.[37]
Die zweite der oben formulierten Fragen zielte darauf ab festzustellen, ob sich theoriegeleitete und datengeleitete Schätzungen kontingenter Zusammenhänge im Resultat

unterscheiden, ob beide zu verschiedenen Ergebnissen führen und wenn ja, welche von beiden wann und wo näher an die tatsächliche Kontingenz herankommt.
Eine der wenigen Studien zu diesem Thema stammt von Jennings, Amabile und Ross (1982).
Den Versuchspersonen der Untersuchung wurden für die datengeleitete Schätzung Häufigkeitsverteilungen präsentiert; für die theoriegeleitete Schätzung wurden Beschreibungen von Messungs- bzw. Variablenpaaren (ohne Daten) dargestellt.[38] Die Versuchspersonen sollten den von ihnen vermuteten Zusammenhang, ob positiv oder negativ, und dessen Stärke auf einer Skala von Null (kein Zusammenhang) bis 100 (vollständiger Zusammenhang) angeben.
In dem Material zur theoriegeleiteten Schätzung waren zum Vergleich die Themenstellungen einiger berühmter sozialwissenschaftlicher Untersuchungen eingearbeitet, zum Beispiel Hartshorne und May (1928), Mischel und Gilligan (1964), Bem und Allen (1974), sowie Adorno et al. (1950); vgl. Jennings et al. (1982, 217 ff).
Was die datengeleitete Schätzung angeht, so ergab sich folgendes:
- Die Versuchspersonen haben offensichtlich erhebliche Schwierigkeiten beim Beurteilen kontingenter Zusammenhänge, wenn es sich um relativ niedrige Korrelationen handelt; die Streuungen dieser Schätzungen waren sehr groß. Erst ab Koeffizienten einer Stärke von 0.6 oder 0.7 werden negative Zusammenhänge konsistent ausgeschlossen.[39]
- Die Mittelwerte der Schätzungen zeigen, daß niedrige Korrelationen unterschätzt werden, bzw. daß erst etwa ab Werten von $r = 0.85$ eine starke positive Korrelation angenommen wird. Schwache Korrelationen werden im Mittel also schlicht übersehen, objektiv schon relativ starke Korrelationen werden subjektiv als nur unerheblich von Null verschieden eingeschätzt.

Die theoregeleiteten Schätzungen lassen kein so einheitliches Bild erkennen. Allerdings: Positive Korrelationen werden auch als positiv eingeschätzt; das gleiche gilt für negative Korrelationen. Auch werden starke Korrelationen stärker als schwächere eingeschätzt.
Etwas überraschend ist folgendes Resultat: „Perhaps the most striking feature of these theory-based estimates, however, is that once freed from the constraints imposed by immediately available data subjects ceased to be cautious or conservative. They willingly ventured into the middle and even upper regions of the subjective 100-point scale even when dealing with variable pairs that objectively were only modestly correlated." (Jennings et al. 1982, 223)
Das Ergebnis der Studie von Jennings, Amabile und Ross (1982) läßt sich folgendermaßen zusammenfassen:
- Wenn der menschliche Denkapparat Zusammenhänge anhand von Daten abschätzen soll, und zwar ohne daß (anfangs; siehe oben) Theorien über die diesen Daten zugrunde liegenden Beziehungen vorhanden sind, dann sind Schätzungen relativ verläßlich, wenn der tatsächliche Zusammenhang bei Eins oder knapp darunter

liegt. Liegt der tatsächliche Zusammenhang aber unterhalb von 0.6 bis 0.7, und in dieser Größenordnung liegen fast alle Zusammenhänge, bei denen soziale Komponenten eine wesentliche Rolle spielen, sind die Schätzungen unbrauchbar.
- Wenn zur Beurteilung eines Zusammenhangs keine Daten vorhanden sind, sondern ausschließlich Theorien (oder Vorannahmen) herangezogen werden, dann neigt der Denkapparat dazu, Zusammenhänge von beträchtlicher Stärke anzunehmen, oft sogar weit stärkere, als von den Erfahrungen der Vergangenheit her gerechtfertigt ist.

Resümee: Theorien führen dazu, existierende empirische Zusammenhänge zu überschätzen. Dagegen bleiben viele faktische Zusammenhänge unbemekrt, sogar solche von erheblicher Stärke, bis man mit einem Konzept, einer Theorie darauf vorbereitet ist, sie zu entdecken.

Konkret bedeutet das beispielsweise, daß die Mehrzahl der in Fachgebieten wie Psychologie und Soziologie feststellbaren Zusammenhänge – in den Fällen, in denen sie datengeleitet angegangen werden –, unterhalb der Wahrnehmungsschwelle des kognitiven Apparates liegen. Der Grund: Die Variationen im Untersuchungsmaterial sind in aller Regel so groß, daß diejenigen Werte, die bei datengeleiteten Schätzungen gegeben sein sollten, damit ein Zusammenhang nicht übersehen wird (ab etwa $r = 0.85$; siehe oben), überhaupt nur in Ausnahmefällen erreicht werden.

Strategien im Umgang mit Kontingenzen

Das Fehlen einer kognitiven Struktur zum Abschätzen kontingenter Zusammenhänge erzeugt natürlich nicht nur Probleme beim Erfassen solcher Zusammenhänge. Die Schwierigkeiten tauchen genauso auf, wenn ein einmal im Denkapparat etablierter Zusammenhang, gleich wie er entstanden ist, weiterverarbeitet werden soll. Prinzipiell lassen sich dabei zwei verschiedene Prozeduren unterscheiden:
- Ein kontingenter Zusammenhang soll aufgrund neuer Daten korrigiert werden.
- Mehrere kontingente Zusammenhänge sollen miteinander verknüpft werden, zum Beispiel, wenn die Wahrscheinlichkeit des Auftretens eines Ereignisses abgeschätzt werden soll, das von mindestens zwei unterschiedlich wahrscheinlichen Einzelereignissen abhängt.

Zunächst zum ersten Punkt, der Revision eines bereits etablierten kontingenten Zusammenhangs:

Wie Annahmen über kontingente Zusammenhänge korrigiert werden

Individuen ändern oder revidieren normalerweise vorhandene Wahrscheinlichkeitsannahmen (Meinungen, Ansichten) wenn neue Informationen (Daten) auftauchen, die eine solche Revision nahelegen: das sollte zumindest im Regelfall so sein.

Die Frage, wie das vonstatten geht, wurde vor allem von der Forschungsgruppe um Phillips, Hays und Edwards an der Universität von Michigan, Ann Arbor, Ende der sechziger Jahre untersucht. Gegenstand ihrer Analysen waren nicht nur spielähnliche Situationen (vgl. z.B. Phillips und Edward 1966 oder Wheeler und Beach, 1968), sondern auch „realitäts"-nähere Themenstellungen, wie das Bewertungsverhalten bzw. die Reaktionen von Personen bei (simulierten) militärischen Informationssystemen (vgl. z.B. Phillips, Hays und Edwards 1966).

Was das Verhalten der Versuchspersonen betrifft, waren die Ergebnisse der Untersuchungen eindeutig: Aus allen Studien geht hervor, daß die aufgrund von neuen Daten vorgenommenen Änderungen einer bestehenden Meinung bzw. Wahrscheinlichkeitsannahme, verglichen mit problemadäquaten mathematisch-statistischen Modellen (z.B. dem Bayes-Theorem), viel zu gering ausfallen. Das heißt, Individuen orientieren sich zu stark an früheren Ansichten und Erkenntnissen. Neu hinzukommende Daten werden nicht ihrer Bedeutung entsprechend berücksichtigt. „This reluctance of Ss [Versuchsperson] to extract from the data as much certainty as is theoretically implied by Bayes' theorem has been called the conservatism effect." (Phillips und Edwards 1966, 346)

Die Tendenz, neue Daten zu konservativ zu verarbeiten, hat sich in den Untersuchungen als relativ ausgeprägt und stabil erwiesen: „Experiments (...) suggest that conservatism is a very pervasive phenomenon (...)." (vgl. Phillips, Hays und Edwards 1966, 17)
Von welchen Komponenten die Häufigkeit des Auftretens bzw. die Stärke der Konservatismustendenz beeinflußt wird, ist der Studie von Phillips, Hays und Edwards (1966) zu entnehmen:
- Je schwieriger die Textaufgabe ist, um so konservativer werden Informationen verarbeitet.
Je unkomplizierter, einfacher die Daten, das heißt, je deutlicher der Hinweis auf eine bestimmte Hypothese, um so geringer ist die gezeigte Konservatismustendenz.
- Individuen neigen dazu, bereits vorhandene Wahrscheinlichkeitsannahmen zu erhöhen, wenn diese durch neue Daten unterstützt werden.
Umgekehrt bewirken neue Daten, die den vorgängigen Wahrscheinlichkeitsannahmen widersprechen, keine Tendenz zur Reduktion der ursprünglichen Wahrscheinlichkeitsannahme.

Phillips und Edwards (1966) nennen zwei weitere Einflußfaktoren:
- Die Tendenz, Informationen konservativ zu verarbeiten, nimmt zu, je mehr die ursprünglich angenommene Wahrscheinlichkeit von Eins verschieden ist.
- Die Tendenz nimmt ebenfalls zu, je größer die Differenz zwischen der ursprünglichen und der (entsprechend dem Bayes' Theorem) neuen Wahrscheinlichkeitsannahme ist.

Resümee: Wenn es in einem Planungsprozeß darum geht, gegebene Wahrscheinlichkeitsverteilungen aufgrund neuer Informationen (Daten) zu revidieren, dann sollte diese Revision nicht geschätzt, sondern berechnet werden.
In (Not-)Fällen, in denen eine Berechnung nicht möglich ist, sollte der Planer davon ausgehen, daß die Schätzung in der Regel zu konservativ ist; das heißt, die ursprünglich gegebene Wahrscheinlichkeitsverteilung wird normalerweise über-, die neuen Daten werden unterbewertet. Die Schätzung muß also im Normalfall in Richtung derjenigen Wahrscheinlichkeitsverteilung korrigiert werden, die durch die neuen Daten empfohlen wird.
Anmerkung: In beiden Fällen (Berechnung und Schätzung) darf über die Brauchbarkeit der Daten (Validität, Reliabilität etc.) kein Zweifel bestehen.

Wie kontingente Zusammenhänge miteinander verknüpft werden

Eine zweite Denkstrategie, die beim Verrechnen kontingenter Zusammenhänge benutzt wird, ist die sogenannte Strategie der günstigsten Vermutung. Sie tritt bei mehrstufigen Schlußfolgerungen auf. Das sind Folgerungen, die aus einer Reihe von Einzelschlußfolgerungen bestehen, wobei das Resultat des einen Abschnitts die Eingangsgröße für die nächste Stufe ist. Der jeweils nächste Abschnitt basiert auf der Wahrscheinlichkeit bestimmter Ereignisse, nicht auf definitivem Wissen darüber, ob ein bestimmtes Ereignis eintreten wird oder nicht.[40]
Wie sich Versuchspersonen bei solchen Problemstellungen verhalten, läßt sich einer Studie von Gettys et al. (1973, 366 ff) entnehmen: Etwa 60 Prozent der Versuchspersonen ignorieren das jeweils unwahrscheinlichere Ereignis einer Entscheidungsstufe völlig.[41] Sie suchen in der ersten Stufe solange, bis die Informationen mehr oder weniger deutlich dafür sprechen, daß ein bestimmtes Ereignis eintreten wird. Bei der Verarbeitung dieser Information in der nächsten Stufe wird dann so getan, als ob das Ereignis schon eingetreten wäre.
Finden die Versuchspersonen keine zusätzlichen Informationen, so tendieren sie dazu, sich im ersten Schritt für das wahrscheinlichste Ereignis zu entscheiden.
Für die Kalkulation der zweiten Stufe wird dieses eine Ereignis der ersten Stufe dann als sicher betrachtet. Die Implikationen des anderen, unter Umständen nur geringfügig unwahrscheinlicheren Ereignisses werden ignoriert.
Diese Verhaltensweise führt dazu, daß bei mehrstufigen Schlußfolgerungen die Versuchspersonen intuitiv zu einer größeren Sicherheit gelangen, als nach dem Bayes-Theorem möglich ist. Das ist insofern erwähnenswert, als bei einstufigen Schlußfolgerungen die Versuchspersonen meist zu konservativ urteilen, das heißt weniger Sicherheit extrahieren, als die Daten zulassen.
Das Paradoxe daran ist, daß mehrstufige Entscheidungen aus einstufigen zusammengesetzt sind und damit mehrstufige Entscheidungen eigentlich noch konservativer behandelt werden müßten als einstufige.

Beide Denkstrategien sind somit gegenläufig und können, (bewußt oder unbewußt) entsprechend kombiniert, Fehler kompensieren.

Resümee: Es gibt im menschlichen Denkapparat offensichtlich keine Strategie, die Wahrscheinlichkeiten von Ereignisketten zu verrechnen, die aus mehreren Einzelereignissen (mit mehr oder weniger großen Einzelwahrscheinlichkeiten) bestehen. Planer sollten berücksichtigen, daß bei solchen Aufgaben ersatzweise auf jeder Ereignisstufe so getan wird, als ob das wahrscheinlichere Ereignis sicher eintreten werde.

Diese Denkweise führt dazu, daß man sich am Ende einer mehrstufigen Schlußfolgerung viel zu sicher ist, daß ein bestimmtes Ereignis eintreten werde.

Diese als „Strategie der günstigsten Vermutung" bezeichnete Denkfalle kann der Konservatismustendenz entgegenwirken. Beide Denkfallen zusammen können sich deshalb unter Umständen gegenseitig neutralisieren.

7 Vier Denkfallen beim Umgang mit Informationen

Vier weitere Denkfallen machen deutlich, daß es in der Planung eine ganze Reihe von Problemstellungen gibt, für deren Bearbeitung das Gehirn nicht besonders geeignet ist, Problemstellungen die dem menschlichen Denkapparat deshalb erhebliche Schwierigkeiten bereiten.
Im Prinzip lassen sie sich zwei Gruppen zuordnen:
Entweder handelt es sich um Mechanismen, die – obwohl in bestimmten Situationen nützlich und angemessen –, deshalb zu Fehlern führen, weil sie auf andersartige und un„passende" (Lorenz 1973) Aufgabenbereiche angewandt werden; dazu gehören zum Beispiel die Schwierigkeiten, die beim Verarbeiten nicht-linearer Beziehungen auftreten.
Oder es sind Denkstrategien, die benutzt werden, um in unübersichtlichen Situationen trotz der begrenzten kognitiven Möglichkeiten zu einem Resultat zu kommen, das heißt, beispielsweise, ungeachtet der Beschränkung des Kurzzeitgedächtnisses. Dazu gehören die Strategie der Verankerung und Anpassung, die Repräsentativitätsheuristik und die Informationsverarbeitung nach Faustregeln.

Fehler beim Abschätzen nicht-linearer Beziehungen

Zu einer der bekanntesten Denkfallen[42] gehört die Unfähigkeit des menschlichen Denkapparats, nicht-lineare Zusammenhänge korrekt zu verarbeiten.
Am deutlichsten läßt sich diese Fehlleistung in Verbindung mit zwei Themenstellungen demonstrieren: beim Abschätzen nicht-linearer (z.B. exponentieller) Verläufe und wenn es darum geht, die Wahrscheinlichkeit des Eintretens von Ereignissen abzuschätzen, die aus mehreren, unterschiedlich wahrscheinlichen Einzelereignissen resultieren.
Wie dominant dieser Denkfehler ist, haben Tversky und Kahneman (1973, 215 f) mit Hilfe einer einfachen Rechenaufgabe demonstriert: Sie ließen einen Teil ihrer Versuchspersonen das Produkt von 8x7x6x5x4x3x2x1, einen anderen Teil das Produkt von 1x2x3x4x5x6x7x8 schätzen. Der Median der Schätzungen für die abfallende Sequenz war 2250, der für die ansteigende Sequenz 512. Der korrekte Wert ist dagegen 40320.
Wagenaar und Sagaria (1975), die die Fähigkeit der Versuchspersonen im Abschätzen (Extrapolieren) exponentieller Wachstumsprozesse untersuchten, gaben ihren Versuchspersonen folgende Zeitreihe vor:

1970	1971	1972	1973	1974	...	1979
3	7	20	55	148	...	?

Gefragt wurde unter anderem, wie groß der Wert im Jahre 1979 sein, und in welchem Jahr er 25000 überschreiten werde. (Die richtige Antwort: Der Wert 25000 wird 1979 überschritten.)
Die Studie ergab, daß zwei Drittel der Versuchspersonen den Wert für 1979 um 90 Prozent oder mehr unterschätzten.
Die Mehrzahl der Versuchspersonen (90 Prozent) unterschätzte den tatsächlichen Wert um mehr als 50 Prozent, was bedeutet, daß der für 1979 zu erwartende Wert erst 1984 erreicht würde.
Daß diese Fehlleistung ein sehr stabiles Phänomen ist, zeigt sich überdies daran, daß exponentielle Verläufe auch dann unterschätzt werden, wenn die Basisinformationen nicht als Zahlenfolgen, sondern in Form graphischer Darstellungen präsentiert werden.
Desgleichen verbessern bildhafte Darstellungsformen (zum Beispiel: Wasserpflanzen auf der Oberfläche eines Sees, deren Anzahl sich täglich verdoppelt), die Schätzungen der Versuchspersonen nicht (vgl. Wagenaar und Timmers 1979).
In der selben Studie (Wagenaar und Timmers 1979) kommen die Autoren außerdem zu dem Ergebnis, daß als Fachleute ausgewählte Versuchspersonen (Politiker), die täglich Entscheidungen zu fällen haben, bei denen Wachstumsprozesse eine wichtige Rolle spielen, denselben Fehleinschätzungen unterliegen.

Die zweite Problemstellung, in deren Zusammenhang nichtlineare (genauer: nichtadditive) Verrechnungsschemata eine Rolle spielen, sind Schätzungen von Wahrscheinlichkeiten des Auftretens zusammengesetzter Ereignisse. Besondere Aufmerksamkeit wurde hier konjunktiven bzw. disjunktiven Ereigniskombinationen[43] gewidmet.
In einer empirischen Untersuchung hierzu weist Bar-Hillel (1973) nach, daß bei konjunktiven Ereigniskonstellationen die von Stufe zu Stufe exponentiell abnehmende Wahrscheinlichkeit des Auftretens des Gesamtereignisses nicht ausreichend bedacht wird. Bei disjunktiven Ereigniskonstellationen ist es dagegen die exponentielle Zunahme der Wahrscheinlichkeit des Auftetens des Gesamtereignisses, die unterschätzt wird.
Das heißt, daß das Auftreten konjunktiv zusammengesetzter Ereigniskonstellationen in der Regel überschätzt, das Auftreten disjunktiver dagegen unterschätzt wird.
Resümee: Für das Verarbeiten nicht-linearer Beziehungen ist der menschliche Denkapparat nicht eingerichtet; hier sollte deshalb nicht nur geschätzt, sondern zur Kontrolle auch gerechnet werden.
Exponentielle Verläufe werden in der Regel unterschätzt; dasselbe gilt für die Wahrscheinlichkeit des Auftretens disjunktiv zusammengesetzter Ereignisse.
Die Wahrscheinlichkeit des Auftretens konjunktiv zusammengesetzter Ereigniskonstellationen wird dagegen überschätzt.
Auf der anderen Seite bedeutet das Fehlen einer nicht-linearen Verrechnungsstrategie die Tendenz, mehr lineare Zusammenhänge in der Außenwelt anzunehmen, als tatsächlich vorhanden sind.

Wird also für irgendeinen Zusammenhang ohne besondere Begründung Linearität angenommen, sollte ein Planer vorsichtshalber skeptisch reagieren.

Fehler durch Verankern und Anpassen

Weitere denkpsychologische Forschungsergebnisse weisen auf eine andere Fehlermöglichkeit beim Schätzen hin:
Tversky und Kahneman (1974, 1128 ff) beispielsweise zeigen, daß Individuen häufig Schätzungen durchführen, indem sie von einem Punkt aus starten, wobei sie ihre Schätzung zugleich an diesem Punkt orientieren („verankern") und außerdem in dessen Richtung verfälschen („anpassen"). Dieser Ausgangspunkt (Startpunkt) kann dabei das Resultat einer Überschlagsrechnung sein oder durch die Formulierung des Problems gesetzt werden.
Eine solche Orientierung führt immer dann zu Fehleinschätzungen, wenn der Startpunkt falsch oder ungeeignet ist, sei es, daß die Problemformulierung gewollt oder versehentlich falsche Angaben enthält, sei es, daß der Startpunkt mit der Aufgabenstellung nichts zu tun hat, was beispielsweise dann der Fall ist, wenn es um den Punkt geht, an dem eine Überschlagsrechnung abgebrochen wird. Dieser Effekt wurde schon im vorangegangenen Abschnitt erwähnt bzw. demonstriert: Läßt man Versuchspersonen das Resultat der Multiplikation 8x7x6x5x4x3x2x1 innerhalb weniger Sekunden schätzen, so hängt das Ergebnis davon ab, in welcher Form die Aufgabe präsentiert wird.
Die Versuchspersonen nehmen offenbar, jeweils mit der ersten Zahl beginnend, schnell zwei oder drei Multiplikationen vor, brechen dann ab und extrapolieren das Ergebnis von diesem Wert aus, und zwar mehr oder weniger linear.
In welcher Weise die Formulierung eines Problems Schätzungen verfälschen kann, haben Tversky und Kahneman (1974) in einem anderen, einfachen Experiment demonstriert: Ihre Versuchspersonen sollten den Anteil afrikanischer Nationen in der UN schätzen. Den Versuchspersonen wurde zunächst (als Startpunkt) eine zufällig ausgewählte Zahl zwischen Null und 100 vorgegeben. Sie sollten angeben, ob der Prozentsatz größer oder kleiner als diese (Zufalls-)Zahl sei. Erst dann wurden sie aufgefordert, den tatsächlichen Wert zu schätzen. Die Studie ergab, daß die Schätzungen jeweils signifikant in Richtung der vorab genannten, völlig bedeutungslosen Zufallszahlen verfälscht waren: „the median estimates of the percentage of African countries in the United Nations were 25 and 45 for groups that received 10 and 65, respectively, as starting points..." (Tversky und Kahneman 1974, 1128)
Das Problem der Verankerung und Anpassung spielt noch in einem anderen Zusammenhang eine gewichtige Rolle, beim Geld: Wird jemand vor die Aufgabe gestellt, zwischen verschiedenen Optionen zu wählen, so sollte man eigentlich annehmen, daß die Entscheidung von der Präferenz für diese oder jene Variante bestimmt wird.

Schon weniger vorstellbar ist, daß so untergeordnete Aspekte wie die Form, in der die Entscheidung ausgedrückt bzw. mitgeteilt werden soll, einen Einfluß auf das Ergebnis hat: zum Beispiel, ob etwas (a) auf einer Präferenzskala geschätzt, (b) von den gegebenen Möglichkeiten nur die gewünschte ausgewählt, oder ob (c) angegeben werden soll, welche der Möglichkeiten demjenigen jeweils wieviel Geld wert ist. Es müßte immer das gleiche dabei herauskommen.

Daß das nicht so ist, haben Lichtenstein und Slovic (1971) demonstriert. Sie konnten in drei Experimenten zeigen, daß sich mit solchen Variationen in der Form, in der die Antworten gewünscht bzw. gegeben werden, die Art der Informationsverarbeitung ändert und daß, als Folge davon, bei einer Entscheidung auch ein anderes Ergebnis herauskommen kann.

Die Studie war so angelegt, daß sich die Versuchspersonen für eine von zwei Wetten entscheiden sollten, die sich dadurch unterschieden, daß bei der ersten Wette die Höhe des möglichen Gewinns relativ gering, die Wahrscheinlichkeit zu gewinnen aber sehr hoch war. Die zweite Wette dagegen bot mit einer geringeren Wahrscheinlichkeit einen höheren Gewinn. Im statistischen Erwartungswert (dem Maß für die „Qualität" einer Wette) unterschieden sich beide Wetten nur unerheblich, das heißt, die beiden Wettangebote waren gleichwertig.

Zu beurteilen waren mehrere „Paar-Wetten" dieser Art, mit Variationen in der Höhe des möglichen Gewinns bzw. dessen Wahrscheinlichkeit, das heißt höherer Gewinn bei geringerer Wahrscheinlichkeit und umgekehrt.

Die Versuchspersonen entschieden sich zunächst etwa gleich häufig für jede der beiden Wetten eines Paares.

Jetzt wurden die Paare aufgelöst und die Versuchspersonen aufgefordert, die Wetten einzeln zu bewerten. Genannt werden sollte ein Geldäquivalent zu jeder Wette, z.B. der Betrag, den man zu zahlen bereit wäre, um die Wette spielen zu können („kaufen"), oder der Betrag zu dem man bereit wäre, die Wette an andere abzugeben („verkaufen"). Diese Änderung der Versuchsmodalitäten führt dazu, daß 73 Prozent der Versuchspersonen, die im ersten (Teil-)Experiment die Wette mit der höheren Gewinnchance bzw. -wahrscheinlichkeit gewählt hatten, sich jetzt gegenteilig entschieden. Bevorzugt wurde nun die gering geschätzte Wette mit dem höheren Gewinn und der geringeren Gewinnchance, wobei eine Wette in der Regel höher bewertet wurde, wenn sie „verkauft", als wenn sie „gekauft" werden sollte.[44]

Dieses Phänomen der Umkehrung einer ursprünglichen Entscheidung in Abhängigkeit vom Antwortmodus haben Grether und Plott (1979) aus der Sicht der Ökonomie einer kritischen Prüfung unterzogen. Ihr Resultat:
- Das Phänomen tritt auch in Situationen auf, die bevorzugt Gegenstand ökonomischer Theorien sind.
- Es ist ausgeprägter, wenn anstelle des bei Lichtenstein und Slovic (1971) benutzten „imaginären Geldes" richtiges Geld benutzt wird.

- Die Antwort auf die Frage „Can the phenomenon be explained by applying standard economic theory or some immediate variant thereof?" „appears to be ‚no'."
(Grether und Plott 1979, 624)

Die Ursache für dieses Phänomen vermuten Lichtenstein und Slovic (1971) in der Art der Informationsverarbeitung. Wenn es darum geht, zwischen zwei Alternativen zu wählen, dann können die einzelnen Merkmale der Alternativen direkt verglichen werden (z.B. Höhe des Gewinns, Wahrscheinlichkeit des Eintretens etc.); womit die Versuchsperson ihre Kalkulation beginnt, ist dabei gleichgültig, es drängt sich zumindest kein Aspekt als Ansatzpunkt auf.

Damit läßt sich auch das mehr oder weniger indifferente Verhalten der Versuchspersonen bei der Wahl einer der angebotenen Wetten am Anfang des Versuchs erklären. Wenn allerdings Alternativen bewertet werden sollen, indem ein Geldäquivalent geboten oder gefordert wird, beginnt die Versuchsperson sehr wohl mit einem „natürlichen Startpunkt" (Lichtenstein und Slovic 1971, 54 f), und zwar mit der Größenordnung des möglichen Gewinns. Erst danach werden die anderen Merkmale der Wette berücksichtigt (etwa die Wahrscheinlichkeit zu gewinnen) und in die Bewertung mit einbezogen. Da der menschliche Denkapparat Wahrscheinlichkeitskalkulationen aber nur sehr fehlerhaft bewältigt, wird eine Entscheidung gefällt, die in Richtung des Startpunktes verfälscht ist. Das heißt, bei der Beurteilung wird die Größenordnung des möglichen Gewinns überbewertet bzw. die eines möglichen Verlustes unterschätzt (vgl. Lichtenstein und Slovic 1971).

Resümee: Der Denkapparat neigt dazu, beim Schätzen von einem Punkt aus zu starten, die Schätzung zugleich an diesem Punkt zu orientieren („verankern") und außerdem in dessen Richtung zu verfälschen („anzupassen"). Das führt immer dann zu Fehlern, wenn der Startpunkt falsch ist: sei es, daß die Problemformulierung gewollt oder versehentlich falsche Angaben enthält, sei es, daß der Startpunkt mit der Problemstellung gar nichts zu tun hat, was beispielsweise dann der Fall ist, wenn es um den Punkt geht, an dem eine Überschlagsrechnung (zum Beispiel einer nichtlinearen Funktion) abgebrochen wird.

Geld (besonders ein finanzieller Gewinn) scheint ein Startpunkt zu sein, der alle anderen Aspekte dominiert (zum Beispiel die Gewinnwahrscheinlichkeit). Weil das Gehirn Wahrscheinlichkeiten nicht korrekt verrechnen kann (Werte um Eins ausgenommen), kann das dazu führen, daß eine Gewinnchance erheblich überschätzt wird.

Die Repräsentativitätsheuristik

Eine weitere Denkstrategie, mit deren Hilfe der menschliche Denkapparat komplexe Aufgaben auf ein bearbeitbares Maß reduziert, ist die sogenannte Repräsentativitätsheuristik (vgl. Kahneman und Tversky 1972, Tversky und Kahneman 1974).
Mit diesem Begriff wird die Tatsache umrissen, daß Individuen häufig Annahmen über

unklare, unübersichtliche Situationen treffen (bzw. Prognosen machen), indem sie mit einem Ergebnis rechnen, das von den essentiellen Merkmalen her dem Material ähnelt, anhand dessen sie ihre Schätzung vornehmen, die essentiellen Merkmale des zur Schätzung benutzten Materials also am besten repräsentiert.[45]
Diese Heuristik ist normalerweise recht nützlich. Sie führt aber auch zu unbrauchbaren Resultaten, weil es Faktoren gibt, die zwar die Wahrscheinlichkeit des Auftretens von Ereignissen, nicht aber deren Repräsentativität beeinflussen. Es besteht die Gefahr, daß vor allem drei Randbedingungen einer Schätzung vernachlässigt werden: der Einfluß der Grundgesamtheit (vgl. S. 61 f), die Stichprobengröße (vgl. S. 62 f) und Regressionseffekte (vgl. S. 64 f).

Vernachlässigung von Grundgesamtheiten

In welcher Weise die Repräsentativitätsheuristik dazu führt, daß Informationen über Grundgesamtheiten übersehen werden, haben Tversky und Kahneman (1973) in einfachen Experimenten demonstriert:
Sie stellten ihren Versuchspersonen nacheinander zwei Aufgaben. Diese sollten zunächst abschätzen, wieviel Prozent aller Studenten (der USA) etwa welches Studienfach studieren. Verglichen mit der tatsächlichen Verteilung der Studenten auf die Fächer war die Schätzung der Versuchspersonen relativ gut.
Dann sollte anhand der sehr allgemein gehaltenen und wenig aussagefähigen Personenbeschreibung[46] eines Studenten bestimmt werden, welches Studienfach dieser Student nach Ansicht der Versuchspersonen studiere. Jetzt ergab sich, daß die Versuchspersonen nur diese Personenbeschreibung zur Beurteilung heranzogen. Nicht berücksichtigt wurde, daß in Beurteilungen, die anhand einer derartig offenen Personenbeschreibung gefällt werden, auch die Vorurteile bzw. stereotypen Vorstellungen des Beurteilers einfließen, wie (nach seiner Meinung) Studenten einer bestimmten Disziplin aussehen oder sich verhalten. Die Möglichkeit, ein solches (Vor-)Urteil zu prüfen, wurde nicht genutzt.
Völlig vernachlässigt wurden nämlich die Informationen über die Anzahl der Studenten pro Fach, die etwas über die Wahrscheinlichkeit aussagen, mit der ein Student einer Studienrichtung zuzuordnen ist.
Mehrere Zusatzexperimente (vgl. Kahneman und Tversky 1973, 241 ff) ergaben folgende Resultate:
- Die Repräsentativitätsheuristik ist ein relativ stabiler kognitiver Mechanismus. Selbst deutliche (experimentell manipulierte) Änderungen der Zahlenverhältnisse in der Grundgesamtheit zeigen keine Wirkung auf das Urteil der Versuchspersonen. Die Hintergrundinformationen werden nicht berücksichtigt.
- Informationen über die Grundgesamtheiten werden dann benutzt, wenn keine anderen Informationen (z.B. Personenbeschreibungen) vorhanden sind (vgl. S. 34 f).

- Werden den Versuchspersonen Informationen präsentiert (z.B. in Form einer Personenbeschreibung), die völlig uninformativ sind, was die Zuordnung der Person zu einem Studienfach angeht, so tritt der Fehler – die Vernachlässigung der Hintergrundinformation – sofort wieder auf.

Speziell dieses letzte Ergebnis macht deutlich, welche problemverschleiernde oder sogar irreführende Wirkung von uninformativem Material ausgehen kann.

Vernachlässigung der Stichprobengröße

Die Repräsentativitätsheuristik führt auch in Verbindung mit der Beurteilung von Stichprobengrößen zu Fehlleistungen. Zwei Fehlertypen treten hier vor allem auf, die eng miteinander verbunden sind:
Zum einen nehmen Individuen offenbar an, daß eine Sequenz von Ereignissen, die durch einen Zufallsprozeß erzeugt wird, die essentiellen Merkmale dieses Zufallsprozesses repräsentiert – und zwar auch dann, wenn die Sequenz sehr klein ist. Man meint, jedes Segment einer Zufallsauswahl reflektiere die wahren Proportionen des Gesamtprozesses.
Das zeigt sich daran, daß das Ergebnis eines Münzwurfs (K = Kopf; Z = Zahl) K, K, K, Z, Z, Z für unwahrscheinlicher angesehen wird als etwa die Serie K, Z, K, Z, Z, K (vgl. Kahneman und Tversky 1972, 432).
Wie sich das menschliche Gehirn eine Zufallsserie vorstellt, hat Jarvik (1951) untersucht: Er stellte 78 Versuchspersonen vor folgene Aufgabe: Ihnen wurden (manipulierte) Serien, bestehend aus den Worten „Check" und „Plus" vorgelesen. Nach jedem (vom Versuchsleiter) genannten Wort sollten sie angeben, welches der beiden Worte sie mit welcher Wahrscheinlichkeit (angegeben in Prozent) als nächstes erwarteten.
Das Ergebnis dokumentiert, daß die Versuchspersonen annehmen, daß in einer Zufallsserie die beiden Worte alternieren; das heißt, zweimal dasselbe Wort nacheinander wird als unwahrscheinlich(er) angesehen. Je länger die aus gleichen Worten bestehende Serie ist, desto stärker nimmt die Erwartung der Versuchspersonen ab, daß dieses Wort als nächstes noch einmal auftaucht. (Jarviks Ergebnis: Nach einer 2er-Serie um ca. 3 Prozent, nach einer 3er-Serie um ca. 20 Prozent, nach einer 4er-Serie um ca. 35 Prozent, nach einer 5er-Serie um ca. 50 Prozent und nach einer 6er-Serie um ca. 80 Prozent).[47] Kommt das erwartete Wort dann ein einziges Mal, pendelt der von den Versuchspersonen angegebene Wert wieder in die Nähe der Ausgangslage zurück.
Dieses Verhalten der Versuchspersonen wird als „negative recency effect" (Jarvik 1951, 294) bezeichnet. Daraus resultiert auch die irrige Annahme, der Prozeß des Stichprobenziehens sei selbstregulierend, selbstkorrigierend in der Weise, daß einer Abweichung in die eine Richtung zwangsläufig eine (Selbst-)Korrektur in die andere Richtung folgen würde. (Nur so wären die Proportionen in kleinen Stichproben zu gewährleisten.)

Diese Denkweise liegt auch dem Trugschluß eines Spielers zugrunde, der nach einer langen Rot-Serie beim Roulett als nächstes die Farbe Schwarz „erahnt" (vgl. Tversky und Kahneman 1971, 106).
Der gleiche Denkfehler - das heißt die Annahme, kleine Stichproben würden die Merkmale der Grundgesamtheit repräsentieren - führt auch dazu, daß die Stichprobengröße beim Abschätzen von Zusammenhängen - weil subjektiv bedeutungslos - vernachlässigt wird. Das heißt konkret, daß die Versuchspersonen die Streuung in kleinen Stichproben unterschätzen. Kahneman und Tversky (1972, 441) haben diesen Effekt an folgendem Beispiel demonstriert[48]: Eine Stadt hat zwei Krankenhäuser. Im größeren werden etwa 45 Kinder, im kleineren etwa 15 Kinder täglich geboren. Bekanntlich sind ca. 50 Prozent aller Kinder Jungen. Der genaue Prozentsatz variiert natürlich von Tag zu Tag; manchmal sind es mehr, manchmal weniger.
Für den Zeitraum eines Jahres wurden in jedem Hospital die Anzahl der Tage registriert, an denen mehr als 60 Prozent aller neugeborenen Kinder Jungen waren. Frage: Aus welchem Hospital wurden mehr solcher Tage berichtet? (Die Zahlen in Klammern geben an, wieviele Versuchspersonen welche Antwort gewählt haben.) Aus dem größeren (21)? Aus dem kleineren (21)? Oder aus beiden ungefähr gleich (plus/minus fünf Prozent), (53)?
Die Mehrzahl der Versuchspersonen nimmt also an, die Quote sei bei beiden Krankenhäusern gleich. Richtig wäre dagegen die zweite Antwort: Bei kleinen Stichproben ist es wahrscheinlicher, daß der Wert weiter um die (in diesem Falle) 50 Prozent streut.
Daß dieser Denkfehler, zwei Stichproben seien einander ähnlich, nicht nur unter Laien, sondern auch unter Experten weit verbreitet ist, haben Tversky und Kahneman (1971) in einer anderen Studie aufgezeigt. Sie verteilten an die Teilnehmer eines Kongresses der American Psychological Association, unter anderem auch an die Mitglieder der Arbeitsgruppe für Mathematische Psychologie, einen Fragebogen, der mehrere Fragen zu mathematisch-statistischen Problemstellungen enthielt. Es kam unter anderem darauf an, den Effekt von Stichprobengrößen richtig einzuschätzen.
Ein Beispiel: „You have run a correlational study, scoring 20 variables on 100 subjects. Twenty-seven of the 190 correlation coefficients are significant at the 0.5 level; and 9 of these are significant beyond the 0.1 level. The mean absolute level of the significant correlations is .31, and the pattern of results is very reasonable on theoretical grounds. How many of the 27 significant correlations would you expect to be significant again, in an exact replication of the study with N = 40?" (Tversky und Kahneman 1971, 108 f).
Die richtige Antwort (einschließlich des Regressionseffekts) hätte in etwa 8 bis 10 zu erwartenden signifikante Korrelationen bestanden. Die Versuchspersonen schätzen demgegenüber, daß es etwa 18 (Median) sein würden. Das ist ein Wert, der auch dann nicht zu erwarten gewesen wäre, wenn man die 40 Versuchspersonen zufällig aus der Originalstichprobe der 100 Versuchspersonen (siehe oben) ausgewählt hätte (vgl. Tversky und Kahneman 1971, 109).

Vernachlässigung von Regressionseffekten

Die Repräsentativitätsheuristik wirkt ebenfalls verfälschend, wenn es um die Beurteilung von Regressionseffekten geht. Damit wird die bei empirischen Untersuchungen bzw. Tests zu beobachtende Tendenz bezeichnet, daß sich extreme Meßwerte bei einer zweiten Messung in Richtung auf den Mittelwert verändern.[49]
Daß dieser Effekt normalerweise nicht ins Kalkül gezogen und stattdessen die Repräsentativitätsheuristik angewandt wird, haben Kahneman und Tversky (1973) demonstriert. Die Experimente der Autoren waren so angelegt, daß eine Gruppe von Hochschullehrern Informationsmaterial über Studenten unter evaluativen, eine andere unter prognostischen Gesichtspunkten zu beurteilen hatte.[50]
Entsprechend der Repräsentativitätsheuristik war zu erwarten, daß Evaluation und Voraussage nicht voneinander abweichen. Die Versuchspersonen gründen ihr Urteil auf die Merkmale, die sie für repräsentativ halten. Weil diese für Evaluation und Prognose die gleichen sind, kommen sie für beide Aufgabenstellungen zu dem gleichen Ergebnis; die prognostische wurde nicht regressiver behandelt als die evaluative. Bei korrekter Berücksichtigung des Regressionseffekts hätten Evaluation und Prognose verschieden sein müssen.

In einem Zusatzexperiment zeigen die Autoren, in welchem Zusammenhang die Repräsentativitätsheuristik darüber hinaus die Verrechnung der statistischen Regression dominiert. Aus einer der Regeln der Vorhersagetheorie geht hervor, daß die Variabilität einer Vorhersage die mögliche Vorhersagegenauigkeit reflektieren sollte (vgl. Kahneman und Tversky 1973, 239): Ist die Vorhersagegenauigkeit perfekt, sagt man den Wert voraus, der tatsächlich auftritt. Bei maximaler Unsicherheit hingegen sollte entsprechend dieser Regel ein fixer Wert für alle Fälle vorausgesagt werden. Das ist bei kategoriellen Vorhersagen die häufigste Kategorie, bei numerischen Voraussagen das arithmetische Mittel, der Modalwert oder der Median.[51]
Das heißt, wenn die Vorhersagegenauigkeit perfekt ist, spiegelt sich die Variabilität (Sicherheit bzw. Unsicherheit) in der Vorhersage in der Variabilität des vorherzusagenden Wertes (oder Kriteriums) wieder. Anderseits: Wenn die Vorhersagegenauigkeit Null ist, sollte die Variabilität der Vorhersage Null sein. Vorhersagen sind also im Hinblick auf die mögliche Vorhersagegenauigkeit des Kriteriums regressiv. Das heißt: Je größer die Unsicherheit ist, um so geringer ist die Variabilität der Vorhersage.

Die Untersuchung von Kahneman und Tversky (1973, 239 ff) kommt zu dem Ergebnis, daß die Versuchspersonen Informationen über die Genauigkeit, mit der der vorliegende Fall beurteilbar ist, nicht in ihre Kalkulation einbeziehen. Sie benutzten stattdessen die Repräsentativitätsheuristik. Regressionen zum Mittelwert (Modalwert oder Median) hin werden nicht vorgenommen, wenn die erwartete Genauigkeit der Vorhersage (im Experiment manipuliert) reduziert wird.

Resümee: Die Repräsentativitätsheuristik kann zu folgenden Fehlern führen:
- Eigenschaften der Grundgesamtheiten werden vernachlässigt, wenn zu den Informationen über die Grundgesamtheit noch beschreibende Texte präsentiert werden.
- Hypothesen werden auf zu kleine Stichproben gegründet.
- Frühe Trends (Daten der ersten Versuchspersonen) werden überbewertet, die Stabilität der beobachteten Ereignisse wird überschätzt.
- Bei empirischen Wiederholungsstudien sind die Erwartungen, was die Wiederholung der signifikanten Resultate angeht, unbegründet hoch. Die Breite des Vertrauensintervalls wird unterschätzt.
- Auftretende Abweichungen der Ergebnisse vom erwarteten Resultat werden nicht mit Unterschieden in den Stichproben begründet; statt dessen werden kausale Erklärungen gesucht.
- Der Prozeß des Stichprobenziehens wird als selbstkorrigierend in dem Sinne angesehen, daß einer Abweichung in die eine Richtung „zwangsläufig" eine (Selbst-) Korrektur in die andere Richtung folgt.
- Die mögliche Vorhersagegenauigkeit eines Merkmals wird bei einer Prognose nicht regressiv einkalkuliert.

Informationsverarbeitung mit Faustregeln

Der empirische Hinweis auf eine weitere Denkstrategie, die angewandt wird, um in unübersichtlichen Situationen überhaupt entscheidungsfähig zu sein, stammt von Knafl und Burkett (1975). Gegenstand ihrer umfangreichen Feldstudie war der Prozeß der professionellen Sozialisation von jungen Medizinern zu Beginn ihrer beruflichen Tätigkeit, besonders das Entscheidungsverhalten der Ärzte bei orthopädischen Diagnosen. Gekennzeichnet sind solche diagnostischen Problemstellungen zum einen dadurch, daß es sich oft um ein ganzes Spektrum von Alternativen handelt, von denen jede möglich ist und keine unbezweifelbar als richtig bezeichnet werden kann.
Zum anderen besteht eine der Hauptaufgaben bei solchen Diagnosen darin, erlerntes Wissen mit (nicht aus Büchern erlernbaren) Erfahrungen aus der Praxis zu kombinieren.
Knafl und Burkett (1975) stellen drei Ergebnisse in den Mittelpunkt ihres Berichts:
- Die Entscheidung in Problemsituationen wird häufig nach Faustregeln („Basis-Philosophien") gefällt.
„These philosophies provide a general orientation or perspective which serves as a guide in decision-making, limiting the number of treatment options which are given serious consideration." (Knafl und Burkett 1975, 401)
Für den in der Studie untersuchten Bereich der orthopädischen Chirurgie drehen sich diese Faustregeln meist um die Entscheidung zwischen einer chirurgischen und einer nicht-chirurgischen Behandlung.

Beispiele aus der Planung wären die Entscheidung zwischen Objektsanierung und Flächensanierung; oder, beispielsweise, die Frage, ob eine Stadterneuerung durch rechtliche Festlegung gesteuert wird, oder ob so lange wie möglich auf ein solches Instrumentarium verzichtet werden soll, um auf neue Entwicklungen besser eingehen zu können.

- Die Faustregeln („Basis-Philosophien") ergeben sich fast immer aus der ablehnenden Haltung gegenüber einer bestimmten (Behandlungs-)Prozedur, zum Beispiel der Absicht, Operationen (bzw. Flächensanierungen) möglichst zu vermeiden.
- Die Autoren zeigen in ihrer Studie außerdem, daß diese Faustregeln von Anfängern während ihrer professionellen Sozialisation entwickelt bzw. in der Regel von ihren Lehrern übernommen werden. Sie werden als eigene Meinungen adaptiert.

Resümee: Entscheidungen bei komplexen Planungsaufgaben mit mehreren Alternativen, von denen jede möglich ist, aber keine unwidersprochen als richtig bezeichnet werden kann, werden häufig mit Hilfe von einfachen Faustregeln gefällt, die sich in der Regel aus der Ablehnung bestimmter Maßnahmen ergeben.

Planer sollten dabei bedenken,
- daß solche vereinfachenden Polaritäten (wie z.B. Flächen- versus Objektsanierung) den tatsächlichen Problemstellungen meistens nicht gerecht werden, und
- daß die Ablehnung einer bestimmten Alternative zwar etwas über die Qualität dieser Alternative aussagen kann, nicht aber über die Qualitäten der anderen Alternativen.

8 Denkfallen, die durch das Umfeld erzeugt werden können

Es gibt einige Denkfallen, die durch die speziellen Bedingungen einer Aufgabe hervorgerufen werden.
Konkret geht es in diesem Abschnitt um die Auswirkungen von Zeitdruck, Ablenkung bzw. Störung und den Druck durch eine soziale Gruppe.

Zeitdruck und Störung

Entscheidungen unter Zeitdruck zu fällen oder beim Nachdenken ständig gestört zu werden, ist nicht nur für Planer ein Alltagsproblem.
Wie sich Zeitdruck und Ablenkung auf das Verarbeiten von Informationen auswirkt, das heißt, wie jemand auf den Zwang reagiert, aus Zeitmangel oder wegen störender Einflüsse vereinfachende Denkstrategien anwenden zu müssen, hat unter anderem Wright (1974) mit folgendem Ergebnis untersucht:
- Bei Entscheidungen unter Zeitdruck nimmt die Anzahl der ins Kalkül gezogenen Faktoren signifikant ab; nur noch wenige Faktoren werden berücksichtigt.
- Zeitdruck-Entscheidungen werden signifikant häufiger mit Hilfe der negativen Merkmale (= den zu vermeidenden Nachteilen) einer Situation gefällt. Positive Merkmale (= mögliche Vorteile) werden übergangen.
- Beide Effekte – die Abnahme der beachteten Faktoren und die übertriebene Berücksichtigung der negativen Komponenten einer Situation – zeigen sich um so deutlicher, je weniger Zeit für eine Entscheidung zur Verfügung steht.
- Was den Einfluß von störenden Geräuschen auf die Informationsverarbeitung angeht, stellt sich das Bild etwas anders dar: Hier waren es die Versuchspersonen, die einem mittleren Geräuschpegel ausgesetzt wurden, die deutlich mehr negative Merkmale in ihre Entscheidungen mit einbezogen. Die am stärksten lärmbelasteten Versuchspersonen berücksichtigten dagegen die positiven und negativen Merkmale einer Situation etwa gleich.
- Erwähnenswert ist, daß die objektiv am stärksten gestörten Versuchspersonen sich auch subjektiv am meisten gestört fühlten, während diejenigen Versuchspersonen, die dem mittleren Geräuschpegel ausgesetzt waren, sich deutlich weniger über den Lärm beklagten, obwohl er sich bei ihnen besonders negativ auswirkte.

- Bezüglich der Anzahl der in eine Entscheidung einfließenden Faktoren zeigten die Versuchspersonen mit der stärksten Lärmbelastung den stärksten Effekt. Sie waren es, die – wie die Versuchspersonen unter dem stärksten Zeitdruck – die wenigsten Faktoren in die Entscheidung mit einbezogen.[52]

Resümee: In Entscheidungen, die unter Zeitdruck gefällt werden, fließen primär negative und insgesamt weniger Aspekte einer Situation ein. Zumindest in der Tendenz sind solche Entscheidungen also zu pessimistisch, man konzentriert sich auf jene Faktoren, die zum Zaudern, Zweifeln Anlaß geben, und zwar bezogen auf wenige hervorstechende Dimensionen. Die Ablenkung durch Geräusche wirkt sich ähnlich wie Zeitdruck auf Entscheidungen aus, mit einer Besonderheit: Bei einem (subjektiv) mittleren Lärmpegel sind die Veränderungen im Entscheidungsverhalten besonders extrem, man fühlt sich aber (noch) nicht entsprechend belästigt.

Der Einfluß von Gruppenmeinungen

Ein Beispiel für den überaus umfangreichen Komplex der Beeinflussung des Denkens eines Individuums durch das soziale Umfeld ist die durch Gruppendiskussionen erzeugte Angleichung von Meinungen. Was dabei oft verwechselt wird, ist der in einer Gruppe erzeugte Konsens über einen Sachverhalt mit der problemadäquaten Kenntnis desselben Sachverhaltes.
Zu welchen geradezu paradoxen Ergebnissen dieser Denkfehler führen kann, hat Asch (1951, 1955) in einer klassischen Studie aufgezeigt[53]:
Asch stellte Gruppen zwischen sieben und neun Versuchspersonen vor die Aufgabe, die Länge von jeweils drei vertikalen Strecken, die sich in ihren Abmessungen deutlich voneinander unterschieden, mit derjenigen einer daneben gezeigten Standardstrecke zu vergleichen.
Die Versuchspersonen wurden der Reihe nach gefragt, welche der drei Strecken genauso lang sei wie die Standardstrecke. Ihnen wurde erklärt, es handele sich um ein Experiment zur visuellen Diskrimination.
Die eigentliche Versuchsperson – jeweils nur eine – war überzeugt, die übrigen Anwesenden seien ebenso Versuchspersonen wie sie. Diese anderen aber waren vom Versuchsleiter instruiert, von einem bestimmten Punkt an einstimmig dieselbe falsche Antwort zu geben.
Die Studie ergab, daß bis zu ca. 35 Prozent der Versuchspersonen ihrer eigenen Wahrnehmung mißtrauten und sich den falschen Urteilen der übrigen Versuchsteilnehmer unterwarfen – oft unter selbstkritischen, emotionalen Reaktionen.
Die Anwesenheit eines Partners, der dieselbe (richtige) Meinung vertrat, ließ die Anzahl der angepaßten Antworten wieder auf ein Viertel dieses Wertes absinken.
Dieses als Asch-Paradigma bezeichnete Resultat zeigt, daß korrekte Ansichten gelegentlich revidiert werden, nur weil die Mehrheit anderer Meinung ist.

Resümee: Besteht in einer Gruppe Einigkeit über ein Thema, sagt das allein noch nichts darüber aus, ob die dort vertretene Ansicht auch tatsächlich zutreffend ist.

Ein so praktiziertes „Gruppendenken" beeinflußt nicht nur die Ansichten einzelner Mitglieder, sondern kann auch die Meinung einer Gruppe insgesamt verschieben. Diese Fragestellung wurde u.a. am Problem der Risikobereitschaft von Gruppen ausführlich untersucht.

Entgegen frühren Ansichten, die vor allem eine Zunahme der Risikobereitschaft in einer Gruppe nachzuweisen glaubten („risky shift"; vgl. Pruitt 1971), läßt sich heute nur feststellen, daß Gruppendiskussionen, um Unentschlossenheit oder Konflikte zu vermeiden, zu einer Verstärkung der in der Gruppe bereits vorhandenen Tendenzen führen. Es kann dabei sowohl zu einem Mehr als auch zu einem Weniger an Risikobereitschaft kommen. (Vgl. z.B. Irle 1975, 490 oder Vinokur und Burnstein 1978)

9 Zum Umgang mit komplexen und unbestimmten Aufgaben

Zu den neuralgischen Punkten der traditionellen Denkpsychologie gehört unbestritten der Mangel an Untersuchungen zum Problemlösen in diffizilen Realitätsbereichen; (ein) Grund: Man kann sie in Laboruntersuchungen nur schwer nachbilden. Das ist besonders bedauerlich, weil dieses Thema den Problemstellungen beim Planen zweifellos am nächsten kommt.
Daß die Prozesse, die beim Lösen komplexer Probleme im Denkapparat des Menschen ablaufen, nicht mehr mit einfachen mathematischen Modellen zu beschreiben sind, ist nicht nur empirisch nachgewiesen (vgl. z.B. Einhorn 1971), sondern auch aus theoretischer Sicht seit langem klar (vgl. zusammenfassend Dörner et al. 1981, 24 ff).
Dörner ist es auch, der sich wohl zur Zeit am intensivsten mit der empirischen Untersuchung des Problemlösens in komplexen und unbestimmten Realitätsbereichen beschäftigt. In seiner neuesten Arbeit (Dörner et al. 1981) untersucht er die Reaktionen von Individuen auf Problemstellungen in solchen komplexen und unbestimmten Realitätsbereichen, die gekennzeichnet sind durch Offenheit des angestrebten Ziels, Polytelie[54], die Unbekanntheit, Komplexität, Eigendynamik, Instabilität und Intransparenz, Vernetztheit des Realitätsausschnittes und dazu noch Zeitdruck (vgl. Dörner et al. 1981, 24 ff).
In Dörners „Lohhausen"-Studie werden Versuchspersonen (n = 48) vor die Aufgabe gestellt, als Bürgermeister des fiktiven Städtchens Lohhausen, das „über die üblichen Einrichtungen einer mitteleuropäischen Kleinstadt" (148) verfügt, „für das Wohlergehen der Stadt in der näheren und ferneren Zukunft zu sorgen". (149). („Was Sie dafür unternehmen, ist Ihre Sache" (149).) Simuliert wird Lohhausen (mittels Computer) durch 17 Kernvariablen – „kritische' Variablen" (162) – die zusammen praktisch unendlich viele (Folge-)Zustände des Gesamtsystems erzeugen können.
Die Variablen beziehen sich beispielsweise auf die Infrastruktur der Stadt, das Wohlergehen und die Zufriedenheit der Bevölkerung, die wirtschaftliche Situation einer Bank, einer Uhrenfabrik und der ortsansässigen Händler, die Einwohnerzahl etc. (Für eine detaillierte Beschreibung vgl. Dörner et al. 1981, 162 ff.)
Die Ergebnisse dieser Arbeit lassen sich, knapp formuliert, so zusammenfassen (vgl. Dörner et al. 1981)[55]:
Zunächst die Punkte, bezüglich derer sich „gute" (das heißt: das System „Lohhausen" nicht ruinierende) und „schlechte" Versuchspersonen[56] nicht unterscheiden:
Beide Gruppen stellen gleich häufig Hypothesen auf oder befinden sich im Zustand der Unklarheit. Auch die Gesamtzahl der geäußerten (Wort-)Einheiten ist etwa gleich.

Sie formulieren annähernd gleich oft Sollzustände, Bedingungen, Urteile, Schlußfolgerungen und Bewertungen oder sind ratlos. Gute und schlechte Versuchspersonen verwenden gleich häufig Indikatoren kausaler Beziehungen. Auch erfolgt bei Schwierigkeiten und Mißerfolgen die Auseinandersetzung mit dem eigenen Denken gleich häufig.

Beide Gruppen setzen sich zunächst auch mit ähnlichen und annähernd gleich vielen unterschiedlichen Themen auseinander. Was die nachfolgenden Handlungen angeht, so gibt es allerdings Unterschiede.

In der Vorgehensweise scheint es drei Phasen zu geben: eine Orientierungsphase, eine Schwerpunktphase und eine Kontrollphase. Orientierungsphase und Schwerpunktphase scheinen bei den schlechten Versuchspersonen stärker ausgeprägt, wobei ihre Aufeinanderfolge gegenüber dem Ablauf der guten Versuchspersonen verzögert ist. Schlechte Versuchspersonen treffen in der ersten Sitzung weniger Entscheidungen bezüglich der behandelten Themen. Es besteht also eine Asymmetrie zwischen inhaltlichem Befassen und nachfolgendem Entscheiden.

Die guten Versuchspersonen konzentrieren sich dagegen schneller auf die für das Gesamtsystem relevanten Schwerpunkte, um gegen Ende des Versuchs die Interessen wieder aufzufächern. Bei den schlechten Versuchspersonen läßt sich zwar eine ähnliche Abfolge feststellen, tritt aber mit Verzögerung und dann in extremer Form auf.

Weitere Unterschiede:

Gute Versuchspersonen treffen mehr Entscheidungen. Sie steigern die Anzahl ihrer Entscheidungen stärker als die schlechten Versuchspersonen. Ebenso verfolgen sie mit ihren Entscheidungen mehr Absichten, gehen also umfassender an das Problem heran als die schlechten Versuchspersonen. Sie belegen die von ihnen verfolgten Absichten mit mehr Entscheidungen, das heißt, sie handeln auch bezüglich einzelner Absichten vielfältiger. Das Entscheidungsverhalten der guten Versuchspersonen ist quantitativ (im Hinblick auf die Anzahl der Entscheidungen) und qualitativ (im Hinblick auf die verfolgten Absichten) konsistenter als das Verhalten der schlechten Versuchspersonen. Diese größere Konsistenz scheint von Anfang an die Versuchspersonen der beiden Gruppen zu unterscheiden.

Gute Versuchspersonen steuern ihr Vorgehen eher durch Vornahmen, die eine Verbalisierung eines verfolgten Konzepts darstellen (z.B. „Ich habe jetzt vor, erst mal die Fabrik zu analysieren, weil davon abhängt, welche weiteren Maßnahmen ich ergreifen kann." Dörner et al. 1981, 344), während sich bei schlechten Versuchspersonen Vornahmen eher auf die nächstfolgende Handlung beziehen („z.B. ein Cola holen oder, im Extremfall, auf dem Rechner auf einen bestimmten Knopf zu drücken" Dörner et al 1981, 344).

Der Übergang von einem Thema zum anderen wird bei guten Versuchspersonen eher in Form eines konzeptgeleiteten „Abarbeitens" vorgenommen, während bei schlechten Versuchspersonen mehr Themenwechsel stattfinden; sie geben in stärkerem Maße auf, schweifen ab, gehen assoziativ oder reaktiv vor etc.

Die Gruppe der erfolgreichen Problemlöser zeigt für die Versuchsphase und die Gesamtsitzung vermehrt abstrakte Äußerungen, was auf die Wahl eines angemessenen „Auflösungsgrades" zurückgeführt wird: „Wir glauben nicht, daß Abstraktheit generell eine Tugend und Konkretheit ein Fehler ist. Man muß aufgrund einer Analyse der Anforderungen in der Lage sein, das richtige Maß zu wählen. Aus irgendwelchen Gründen können das die guten Versuchspersonen besser als die schlechten." (Dörner et al 1981, 518).
Gute Versuchspersonen fällen deduktive Urteile häufiger als schlechte Versuchspersonen. Sie fragen auch häufiger nach den Ursachen für einen ganz bestimmten Sachverhalt. Ebenso tendieren sie dazu, ihre Hypothesen durch gezieltes Nachfragen zu überprüfen.
Gute Versuchspersonen scheinen Informationen eher gezielt abzuspeichern und leichter wieder abrufen zu können. Bei ihnen treten mehr Erinnerungen sowie kurze Wiederholungen der gerade erhaltenen Informationen auf. Auch erkennen sie leichter Diskrepanzen zwischen vorhandener bzw. erwarteter und erhaltener Information.
Die Auseinandersetzung mit dem eigenen Denken bei Schwierigkeiten und Mißerfolgen erfolgt bei schlechten Versuchspersonen eher beschreibend, während gute Versuchspersonen in stärkerem Maße konsequente Selbstreflektion betreiben.
Eine Versuchspersonengruppe war durch ein Vortraining gezielt auf das Experiment vorbereitet worden. Die Leistungen dieser Versuchspersonen konnten dadurch aber nicht verbessert werden. Trotzdem schätzten die Betroffenen subjektiv das Training als hilfreich ein. „Die Ursache für dieses Paradox sehen wir hauptsächlich in dem Zugewinn der „Verbalmacht", die die Versuchspersonen mit den Begriffen der beiden Trainingsformen bekamen." (Dörner et al. 1981, 403)[57]

10 Denkfallen beim Lernen aus Erfahrung

Vorbemerkung

Skeptischen Lesern könnten Zweifel an dem bisher Gesagten gekommen sein: Wie können die zuvor beschriebenen Denkfallen überhaupt gegen die „Tatsachen" bestehen? Bewirken nicht die Kontakte mit der realen Welt, und besonders mit den sogenannten harten Fakten, zumindest langfristig, daß solche Denkfallen ein für allemal beseitigt werden?
Warum bringt die Erfahrung den Menschen nicht in ausreichendem Maße bei, daß ihre Annahmen falsch sind? Warum lehrt sie nicht genügend, die eigenen Annahmen zu bezweifeln?
Das Problem, das sich hier stellt, ist die Frage nach den Möglichkeiten und Grenzen, aus Erfahrung zu lernen.
Zu klären ist also, warum die Auseinandersetzung zwischen der Realität und dem menschlichen Denkapparat nicht in jedem Fall, das heißt zwangsläufig dazu führen muß, daß falsche Vermutungen, Vorstellungen oder Ansichten revidiert oder abgebaut werden, selbst wenn die Erfahrung dafür spricht.
Es ist zweckmäßig, sich dazu zunächst einige grundsätzliche Überlegungen zum Zusammenhang zwischen Beurteilungen, Entscheidungen (und gegebenenfalls Handlungen) einerseits, sowie andererseits, der Möglichkeit, aus den Ergebnissen zu lernen, zu vergegenwärtigen (die Darstellung folgt im wesentlichen Einhorn 1982, 268 ff).
Zwei verschiedene Aufgabentypen sind dabei nacheinander zu untersuchen. Sie unterscheiden sich darin, zu welchem Zweck eine Beurteilung vorgenommen werden soll: ob zwischen zwei (oder mehreren) Alternativen entschieden werden soll, um anschließend eine Handlung auszuführen (oder sie zu unterlassen), oder ob es um Beurteilungen, Schätzungen ohne Handlungszwang geht. Zunächst zum ersten Punkt, dem Problem der Interpretation von Handlungsergebnissen.

Probleme bei der Interpretation von Handlungsergebnissen

Es gibt beim Planen, wie überhaupt im Alltag, viele Problemstellungen, bei denen Beurteilungen mit der Absicht vorgenommen werden, eine Auswahl aus den vorhandenen Optionen zu treffen, zum Beispiel die Entscheidung, an einem Architekturwettbewerb teilzunehmen (oder nicht teilzunehmen), ein Auto zu kaufen oder eine bestimmte Studienfachrichtung oder Spezialisierung zu wählen etc.

Im Prinzip gibt es bei solchen Aufgaben die folgenden Konstellationen: Man kann sich für eine Aktion entscheiden oder dagegen, wobei die Überlegungen und Entscheidungen sich als angemessen bzw. erfolgreich oder als Fehlschlag erweisen können. (Auf die enormen Schwierigkeiten, die mit der Grenzziehung zwischen Erfolg und Mißerfolg verbunden sind, soll hier nicht weiter eingegangen werden. Worauf es ankommt, ist zu zeigen, daß beim Lernen aus Erfahrung erhebliche Probleme auch dann übrig bleiben, wenn die Grenzziehung unstrittig ist. Damit wird außerdem klar, daß es nicht Gegenstand dieses Abschnitts ist, daß sich „Mißerfolge" auf mannigfache Weise weginterpretieren lassen, „... es ist was dazwischengekommen ..." usw.).

Abbildung 3 zeigt die vier sich daraus ergebenden Kombinationsmöglichkeiten: Handlungen können erfolgreich sein oder sie können scheitern, Erfolge können versäumt und Fehlschläge vermieden werden.

Drei Aspekte sind dabei von Belang:
- Beide Alternativen können – definitionsgemäß – nicht gleichzeitig gewählt werden; entweder man beteiligt sich an einem Wettbewerb oder man unterläßt es.

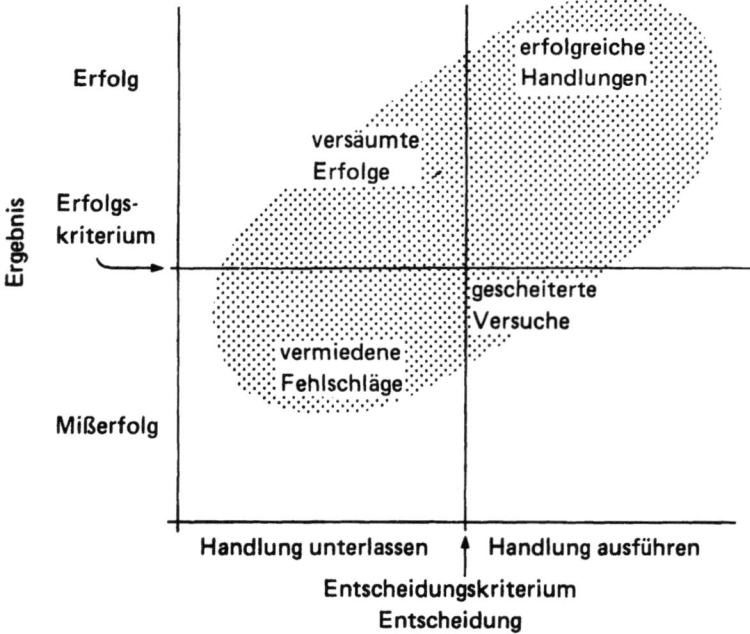

3 Vier mögliche Konsequenzen der Entscheidung, eine Handlung auszuführen oder zu unterlassen

- Die Aufgabenstellung impliziert, daß Beurteilungen einer Sachlage zu verschiedenen Aktionen, Handlungen führen, deren Ergebnisse dann dazu benutzt werden, die Qualität des eigenen Urteils zu überprüfen.
- Außerdem gilt, daß sich Annahmen (Theorien) grundsätzlich nicht positiv beweisen lassen; das bedeutet, daß keine auch noch so große Anhäufung bestätigender Hinweise die Richtigkeit einer Annahme belegen kann.
Annahmen sind nur widerlegbar (falsifizierbar), und zwar durch empirische Befunde, die ihnen widersprechen. Bis solche Befunde auftauchen, sind sie als vorläufig gültig anzusehen.[58]

An diesen drei Punkten wird deutlich, daß Beurteilungen, die dazu führen, daß eine Handlung unterlassen wird, sich nicht als falsch erweisen können. Voraussetzung dazu wäre, daß sich auf der Seite der gewählten Variante (= „Handlung unterlassen") ein widerlegendes Resultat ergibt.

Um das zu erreichen, müßte man beispielsweise einen Auftrag an eine Baufirma vergeben, die man für ungeeignet hält, den Auftrag auszuführen. Wird der Auftrag dann trotzdem korrekt ausgeführt, ist das ursprüngliche Urteil widerlegt. Das ist die einzige Möglichkeit. Es ist klar, daß Argumente der Wirtschaftlichkeit und der Zeitökonomie Planer daran hindern, so zu handeln.

Es sind aber nicht nur finanzielle Gründe, die es einem Planer unmöglich machen, eine ungeeignete Variante zu wählen, nur um seine eigene Urteilsfähigkeit (wissenschaftlich begründet) zu verbessern. Auch moralisch-ethische Überlegungen können und müssen hier eine wesentliche Rolle spielen. So dürfte es sich von selbst verbieten, Menschen einer bestimmten (z.B. Lärm- oder Abgas-)Belastung auszusetzen, nur um dann an den nachweisbaren Schädigungen aufzeigen zu können, daß die These, solche Belästigungen seien schädlich, nicht von der Hand zu weisen ist. Moralisch-ethische Argumente verbieten ein solches Vorgehen.

Führt eine Beurteilung dazu, daß eine Handlung ausgeführt wird, so bietet sich die Möglichkeit, die erfolgreichen Handlungen mit den zwar gewählten, aber nicht erfolgreich verlaufenen Aktionen, den gescheiterten Versuchen, zu vergleichen.

Dabei ergeben sich zwei Probleme:

Erstens: Was vorausgesetzt wird ist, daß es „Erfolge" überhaupt gibt, und daß sie in überschaubaren Zeiträumen auftreten. Das ist zumindest bei primär präventiven (prophylaktischen) Handlungen schwierig zu beurteilen. (Bei solchen Aufgaben geht es nicht darum, einen schon eingetretenen Schaden oder Mißstand zu eliminieren, sondern unerwünschte Ergebnisse von vornherein zu vermeiden.)

Wann beispielsweise soll der „Erfolg" einer kindgerechten Wohnumwelt auftreten? Nach einem Jahr, nach fünf, zehn . . . 50 Jahren? Diese Handlungen sind ja gerade darauf ausgerichtet, daß nichts (Negatives) geschieht.

Zweitens: Selbst wenn „Erfolge" auftreten, ist die Relation von „erfolgreichen Handlungen" zu „gescheiterten Versuchen" nicht notwendigerweise aussagekräftig, weil sie auch von Faktoren beeinflußt wird, die mit der Aufgabenstellung wenig zu tun haben:

- Die Relation von gewählten und erfolgreichen zu gewählten, aber fehlgeschlagenen Handlungen läßt sich beispielsweise durch die Wahl des Entscheidungskriteriums bestimmen. Wird das Entscheidungskriterium hochgesetzt (in Abb. 3 nach rechts verschoben), so reduziert sich die Wahrscheinlichkeit, eine Aktion mit einem Mißerfolg abzuschließen. Gleichzeitig nimmt zwar die Gefahr zu, daß eine Aktion nicht durchgeführt wird, obwohl sie wahrscheinlich erfolgreich verlaufen wäre; das aber ist nicht überprüfbar (siehe oben).
- Eine andere Möglichkeit, die Anzahl der erfolgreichen Handlungen zu erhöhen, besteht darin, das Erfolgskriterium herabzusetzen. Auch mit kleinen Erfolgen zufrieden zu sein, ist eine solche Strategie.
- Der gleiche Effekt tritt auf, wenn die Anzahl der Versuche erhöht wird. Liegen Erfolgs- und Entscheidungskriterien so, daß die Anzahl der gewählten und erfolgreich verlaufenen Handlungen größer ist als die der gewählten (aber erfolglos verlaufenen), dann läßt sich durch eine Erhöhung der Anzahl der Versuche schon bei zufälliger Verteilung von Erfolg und Mißerfolg die Anzahl der erfolgreichen Handlungen erhöhen. Hinzu kommt, daß dies um so wahrscheinlicher ist, je weniger Handlung und Ergebnis miteinander korrelieren, das heißt wenn die Werte (die zu erwartenden Resultate) sehr streuen (vgl. Einhorn 1982, 268 ff).
- Ein weiterer Punkt ist, daß eine angesetzte Behandlung die Anzahl der erfolgreichen Handlungen auch dann erhöhen kann, wenn sie nicht wirkt. Ob die in Abbildung 4 dargestellte Zunahme der erfolgreichen Handlungen auch wirklich auf eine bestimmte Aktion zurückgeführt werden kann, läßt sich nur feststellen, wenn sich auf der anderen Seite der „unterlassenen Handlungen" *keine* Verschiebungen ergeben haben. Darüber gibt es aber, wie in Abbildung 4 dargestellt, keine Informationen. Solche Informationen sind nämlich nur vorhanden, wenn an einer Parallel-Stichprobe dieselbe Behandlung *nicht* durchgeführt wurde.

Dazu aber hat ein Planer nur selten Gelegenheit. Ist ein Mißstand erkannt und bietet sich die Möglichkeit, ihn mit Hilfe eines nach Meinung des Planers geeigneten Instruments zu beheben, so wird er Maßnahmen nicht unterlassen, um zu überprüfen, ob sich Änderungen nicht vielleicht ohne sein Zutun ergeben.

Einhorn und Hogarth (1978) haben in einer Simulationsstudie zu diesem Problemkomplex untersucht, wie verschiedene Behandlungseffekte, Entscheidungskriterien und Erfolgs- und Mißerfolgsrelationen sich auf die Anzahl der erfolgreichen Handlungen auswirken. Die Ergebnisse lassen sich folgendermaßen zusammenfassen:
- Wenn Behandlungseffekte existieren, kann die Anzahl groß sein, selbst wenn die zugrunde liegende Handlungs-Ergebnis-Beziehung Null ist.
- Ist das Entscheidungskriterium relativ streng (in Abbildung 3 nach rechts verschoben) bei niedrigem Erfolgskriterium, dann ist die Quote der erfolgreichen Handlungen besonders hoch.

Bei einer solchen Konstellation läßt sich die Anzahl der erfolgreichen Handlungen besonders leicht durch Behandlungseffekte erhöhen, wenn die zugrunde liegende

Korrelation niedrig ist. Das bedeutet, daß in hoch-selektiven Situationen fehlerhafte bzw. unangemessene Beurteilungen besonders leicht durch positive Resultate bestärkt werden.

- Im anderen Fall, wenn also das Entscheidungskriterium nach links verschoben und das Erfolgskriterium streng ist, ist die Anzahl der erfolgreichen Handlungen am niedrigsten. In dieser Situation bewirken geringe Behandlungseffekte eine überproportionale Zunahme der erfolgreichen Handlungen.

(Für eine detaillierte Beschreibung der Simulationsstudie vgl. Einhorn und Hogarth 1978, 401 ff)

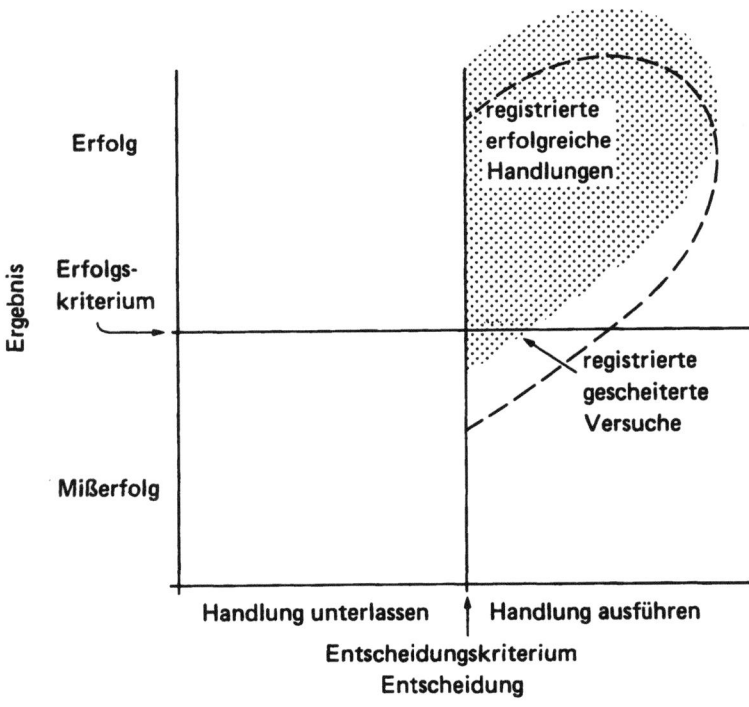

4 Die Auswirkung einer Aktion auf die Relation von erfolgreichen Handlungen und gescheiterten Versuchen

Zum Erfahrungslernen bei Beurteilungen ohne Handlungen

Die bisherige Diskussion hat die Schwierigkeiten beim Lernen aus Erfahrung aufgezeigt, wenn es sich um Handlungen, Aktionen dreht, deren Ergebnisse dann ihrerseits dazu benutzt werden, die den Aktionen zugrunde liegenden Hypothesen zu überprüfen. Aber selbst wenn keine Handlungen involviert sind, das heißt, wenn es nur um Schätzungen, Beurteilungen geht, ist das Lernen aus Erfahrung mit Schwierigkeiten verbunden.

Angenommen, man schätzt, daß ein bestimmtes Ereignis eintreten werde. Weiter angenommen, es tritt nicht ein. Was bedeutet diese Erfahrung für die Korrektur der ursprünglichen Hypothese?

Zunächst wird man annehmen, daß ein einzelner Fall nicht notwendigerweise die Richtigkeit einer These widerlegt. Es ergibt sich daraus kein zwingender Anlaß, die eigenen Überlegungen zu revidieren. Man müßte sich genügend viele Ausgänge dieses Ereignisses, das heißt die relative Häufigkeit merken. Aber auch das ist nur eine notwendige Bedingung, keine hinreichende.

Zwei Fragen bleiben offen: Erstens, wieviele Fälle sollen gesammelt werden, bevor entscheidbar ist, ob die Annahme revidiert werden muß. Zweitens: Um die Qualität von Regeln verbessern zu können, muß nicht nur die relative Häufigkeit der Ergebnisse im Gedächtnis behalten werden, sondern auch die Regel selbst, aufgrund derer die jeweiligen Schätzungen vorgenommen wurden. Es wird schließlich nicht nur eine Regel in allen Situationen benutzt.

Damit ist (bzw. wäre) jedoch noch nicht in jedem Fall sichergestellt, daß Resultate und eine (potentiell) dazugehörende Regel zweifelsfrei einander zuzuordnen wären. Das Problem dabei ist, daß falsche Regeln (Annahmen über Strukturzusammenhänge) nicht notwendigerweise zu falschen Ergebnissen führen müssen.

Es ist durchaus möglich, daß ein bestätigendes Resultat auftritt, obwohl die Hypothese des Beurteilenden falsch ist. Für den umgekehrten Fall gilt das gleiche: Eine korrekte Annahme kann, weil unentdeckte Zwischenglieder einer Wirkungskette im Spiel sein können, zu falsifizierenden, den Annahmen des Beurteilenden widersprechenden Ergebnissen führen. Sowohl ein bestätigendes als auch ein widersprechendes Ergebnis alleine sagt also nichts über die Richtigkeit einer Annahme aus. Was benötigt wird, ist eine genaue Kenntnis der Aufgaben- bzw. Problemstruktur. Ohne diese Kenntnis kann das Ergebnis irrelevant oder sogar irreführend für die Korrektur einer unangemessenen Annahme sein.

Das Problem bei Strukturen („Regeln", „Annahmen", „Hypothesen", „Konzepten", „Theorien" o.ä.) aber ist, daß es sich um erdachte Gebilde handelt – „fictions" (Bunge 1974, 13), das heißt um gedankliche (und damit in der Folge sprachliche) Konstruktionen.

Die Ausgangsfrage, nach den Möglichkeiten aus den sogenannten harten Fakten zu lernen, verlagert sich damit von empirisch Beobachtbarem auf zwar Analysierbares, bzw.

Diskutierbares, aber Unbeobachtbares; anders ausgedrückt: von der empirischen auf die konzeptionelle Ebene (vgl. dazu Kapitel 6, S. 47 f) und stellt sich deshalb nicht mehr in der ursprünglichen Form, weil nur noch Fiktionen gegeneinander abgewogen werden.

An dieser Stelle sollen nicht die (nicht nur wissenschafts-theoretisch bedeutsamen) Implikationen weiter diskutiert werden, die sich aus dieser Sachlage ergeben. Worauf es ankommt ist, aus einer theoretischen Perspektive zu zeigen, daß die Konfrontation mit der Realität den menschlichen Denkapparat nicht notwendigerweise und in jedem Fall dazu zwingt, „falsche" Ansichten, Überzeugungen etc. zu revidieren oder abzubauen. Das heißt, daß die Realität dem Selbstvertrauen eines Beurteilers keineswegs in dem Maße Abbruch tun muß, wie es von der Aufgabenstellung her zu erwarten wäre; man ist sich oft seiner Sache zu sicher.

Von seiten der psychologischen Forschung gibt es zahlreiche empirische Belege dazu; Fischhoff (1982, 424 f) zählt alleine vierzig Studien zu diesem Thema auf.

Oskamp (1965; vgl. Kapitel 5, S. 38) dokumentiert, daß der Anstieg des Selbstvertrauens von der zunehmenden Menge der den Versuchspersonen präsentierten Informationen gesteuert wird, weniger vom Sachverstand.

Fischhoff, Slovic und Lichtenstein (1977) haben ein extremes Selbstvertrauen bei Versuchspersonen nachgewiesen, die Fragen zu reinem Faktenwissen zu beantworten hatten, und das, obwohl teilweise nur zwischen 18 und 27 Prozent der Antworten richtig waren.

Lichtenstein, Fischhoff und Phillips (1982) kommen in einer Studie zum gleichen Thema zu dem Ergebnis, daß die an den jeweiligen Untersuchungen beteiligten Versuchspersonen grundsätzlich ein überzogenes Selbstvertrauen haben.

Resümee: Es gibt zahlreiche empirische und theoretische Hinweise dafür, daß das Selbstvertrauen des menschlichen Denkapparats meistens größer ist als vom Sachverstand her gerechtfertigt.

Die Konsequenzen, die sich aus den beschriebenen Problemen beim Lernen aus Erfahrung ergeben, sind mit dem Thema Sachverstand versus Selbstvertrauen allerdings keineswegs erschöpft.

In den folgenden Abschnitten werden empirische Untersuchungen aus der Psychologie beschrieben, die sich mit einigen konkreten negativen Effekten der aufgezeigten Schwierigkeiten (die Selbstüberschätzung eingeschlossen) befassen.

Zur Unterscheidung von Fähigkeit und Glück

In Kapitel 6 wurden die mit der Beurteilung von Zusammenhängen verbundenen Probleme diskutiert; unter anderem mit dem Ergebnis, daß zufällige Ereignisse nicht ohne weiteres als solche erkannt werden.

Im Zusammenhang mit den eben beschriebenen Schwierigkeiten bei der Interpretation von Handlungsergebnissen heißt das, daß der menschliche Denkapparat Probleme hat bzw. haben muß, wenn er beurteilen soll, ob das Ergebnis (beispielsweise einer durchgeführten Planung) durch Zufalls- oder Glückskomponenten entstanden oder auf eigene Fähigkeiten zurückzuführen ist.
Sieht man einmal davon ab, daß es ohnehin oft schwierig ist, Handlungsergebnisse post festum zu beurteilen, besteht, von der Konstruktion des menschlichen Denkapparates her, zumindest latent die Möglichkeit, Glück und eigene Fähigkeit zu verwechseln (und analog auf der sozialen Ebene: Erfolg und Leistung).
Zu einer Denkfalle wird dieses Problem in Verbindung mit einer Verhaltenstendenz, die den Menschen permanent dazu anhält, seine Umgebung zu kontrollieren bzw. unter Kontrolle zu halten: „People are motivated to control their environment. The importance of control in this context has been widely discussed by both therapists and social science researchers. Whether it is seen as a need for competence (White, 1959), an instinct to master (Hendrick, 1943), a striving for superiority (Adler, 1930), or a striving for personal causation (deCharms, 1968) (...)." (Langer 1975, 323)[59]
Diese Tendenz, die Umwelt zu kontrollieren, ist dabei sehr weitreichend: „(...) most social scientists agree that there is a motivation to master one's environment, and a complete mastery would include the ability to ‚beat the odds', that is, to control chance events." (Langer 1975, 323) Das heißt, sie birgt die Gefahr in sich, der Illusion zu erliegen, man könne eine Situation beeinflussen, auf die man in Wirklichkeit keinen Einfluß hat.
Diese Denkfalle wird als „Illusion der Kontrolle" bezeichnet: „(...) illusion of control, that is, the perception of control over objectively chance-determined events." (Langer und Roth 1975, 951) „An illusion of control was defined as an expectancy of a personal success probability inappropriately higher than the objective probability would warrant". (Langer 1975, 311)
Langer und Roth (1975) haben dazu ein einfaches Experiment durchgeführt, bei dem die Aufgabe der Versuchspersonen lediglich darin bestand, das Ergebnis eines vor ihren Augen durchgeführten Münzwurfs vorherzusagen. Nach dreißig Versuchen sollten sie angeben, ob sie meinten, eine erfolgreiche Vorhersage erfordere Konzentration und ob sie mit zunehmender Erfahrung bessere Vorhersagen treffen könnten, usw.
Die Resultate:
- Die Versuchspersonen, denen gleich zu Beginn des Experiments eine (manipulierte) ansteigende Sequenz richtiger Voraussagen gelang, hielten ihre zukünftige Leistung im Schätzen der Münzwürfe für besser als diejenigen Versuchspersonen, deren Schätzleistungen zu Beginn (manipuliert) immer schlechter wurde.
  (Die Gesamt-)Relation von erfolgreichen und nicht erfolgreichen Münzwürfen war bei beiden Gruppen (manipuliert) identisch.)
- Versuchspersonen, die sich aktiv am Experiment beteiligten, hielten ihre Leistungen bei weiteren Münzwürfen für besser als solche, die nur als Zuschauer am Expe-

riment teilnahmen. Erstere glaubten auch, sie hätten mehr richtige Antworten gegeben, als die Beobachter von sich annehmen.
- Über 25 Prozen der Versuchspersonen meinten, ihre Leistungen bei der Vorhersage des Münzwurfes würden durch Zerstreutheit behindert.
- 40 Prozent der Versuchspersonen glaubten, ihre Treffer bei der Vorhersage würden mit wachsender Erfahrung zunehmen.

Bemerkenswert an diesem Experiment ist, daß es sich bei den Versuchspersonen um Studenten mit Kenntnissen in Statistik handelte. Von daher war es für alle eindeutig erkennbar, daß es sich um eine Zufallsaufgabe handelte, was in der Realität durchaus nicht immer so klar erkennbar ist. Dennoch glaubten die Versuchspersonen, je länger sie sich mit dem Experiment beschäftigten, Kontrolle über dessen Ausgang zu haben. Eine andere Studie (Langer 1975) demonstriert, daß die Illusion der Kontrolle um so häufiger vorkommt, je mehr eine Zufallssituation einer Aufgabe ähnelt, in der Geschicklichkeit das Ergebnis bestimmt:
- So sind Versuchspersonen zuversichtlicher zu gewinnen, wenn sie in einer Wettbewerbssituation gegen einen nervösen und unbeholfenen Gegenspieler anzutreten haben, bzw. weniger optimistisch, wenn ihre Gegenspieler einen selbstbewußten Eindruck machen.

Die Illusion der Kontrolle ist bei (objektiv nicht kontrollierbaren) Aufgabenstellungen um so ausgeprägter,
- je länger jemand über eine Situation nachgedacht hat,
- wenn ihm erlaubt wird, die (Zufalls-)Aufgabe vorher „einzuüben", bzw.
- wenn er direkt bzw. nicht über einen Mittelsmann (zum Beispiel den Versuchsleiter) in die Aufgabe eingreifen kann (vgl. Langer 1975).

Resümee: Es gibt im menschlichen Denkapparat eine Tendenz, die Ergebnisse einer Handlung den eigenen Fähigkeiten zuzuschreiben, selbst wenn es sich um ein Zufallsergebnis handelt. Die Gefahr, in solchen Fällen Glück und Fähigkeit zu verwechseln, ist um so größer, je länger man über ein Thema nachgedacht hat, wenn es möglich war, vorher die Aufgabenstellung zu üben, oder wenn man direkt bzw. nicht über einen Mittelsmann an der Aufgabe mitwirken kann.

Denkfallen beim Attribuieren

Die vorangegangenen Abschnitte haben die Schwierigkeiten deutlich gemacht, die der menschliche Denkapparat beim Entdecken von Zusammenhängen bzw. bei der Interpretation von Handlungsergebnissen hat. Das liegt nicht nur an der Vernetztheit und Intransparenz realer Situationen, sondern auch daran, daß Ursachen nicht beobachtbar sind. Was beobachtbar ist, sind die durch Ursachen hervorgerufenen Änderungen. Die Ursachen selbst müssen dagegen zu diesen Beobachtungen hypostasiert werden.

Der Vorgang des Zuschreibens von Ursachen zu beobachteten Ereignissen wird als Attribution bezeichnet. Die sozialwissenschaftlichen Untersuchungen zu dieser Fragestellung werden unter dem Begriff der Attribution(stheorie) zusammengefaßt.[60]
Für den Planer von Bedeutung sind Forschungsergebnisse, die sich um das kristallisieren, was Ross als den „fundamentalen (Attributions-)Fehler" bezeichnet hat, wenn es darum geht, das Verhalten anderer Personen zu erklären: „The first identified (Heider, 1958) and most frequently cited bias or error, one which we shall term the fundamental attribution error, is the tendendy for attributors to underestimate the impact of situational factors and to overestimate the role of dispositional factors in controlling behavior." (Ross 1977, 183)
Das Verhalten anderer wird als durch stabile Persönlichkeitsmerkmale (Dispositionen), das eigene Verhalten aber als durch die Umgebung, das heißt als situational gesteuert angesehen.
Diese Tendenz führt zu paradoxen Ergebnissen: Ein bestimmtes Verhalten wird mit unterschiedlichen Ursachen erklärt, je nachdem, in welcher Rolle sich der Beurteilende befindet, ob er Beobachter oder Akteur ist.
In Situationen, in denen Akteure ihr eigenes Verhalten mit situationalen Komponenten erklären, wird dasselbe Verhalten von einem Beobachter den individuellen Dispositionen (Einstellungen, Eigenschaften oder Fähigkeiten) des Akteurs zugeschrieben (vgl. Jones und Nisbett 1972, 79 ff. zusammenfassend bei Jones 1976, 300 ff).
Daß diese Disposition relativ dominant ist, zeigt Storms (1973).
Läßt man eine Versuchspersonen in einer Situation agieren, so attribuiert sie ihr Verhalten, wie erwartet, als durch externe Einflüsse gesteuert. Wird die Aktion aufgezeichnet und als Film derselben Person später vorgeführt, dann attribuiert die nun als Beobachter fungierende Versuchspersonen ihr eigenes Verhalten eher als Ausdruck ihrer Persönlichkeit.
Das heißt, bei derselben Aktion führt die Rolle als Akteur oder Beobachter zu unterschiedlichen Annahmen über die Ursachen des Verhaltens.
Einer der zahlreichen Versuche, diese Verhaltenstendenz mit nicht-motivationalen Ursachen zu erklären, stammt von Rosse (1977, 187). Er benutzt dazu das Konzept des „falschen Konsens".[61] Damit wird die Tendenz von Individuen bezeichnet, ihr eigenes Verhalten als normal und natürlich und an die existierenden Umstände (situationalen Komponenten) nahezu optimal angepaßt anzusehen. Verhaltensweisen, die von den eigenen abweichen, werden als unangemessen und inkonsequent beurteilt (vgl. Ross, Greene und House 1977).
Infolgedessen nimmt ein Beobachter an, daß für das abweichende Verhalten eines anderen dessen Eigenschaften verantwortlich sind (bzw. sein müssen), weil (zumindest aus der eigenen Perspektive) das eigene Verhalten durch die Situation bestimmt wird; ein vom eigenen abweichendes Verhalten muß deshalb von etwas anderem gesteuert werden, d.h., die Ursachen für dieses Verhalten können nicht in der Situation liegen, sie müssen in der handelnden Person, das heißt deren Persönlichkeitsstruktur, gesucht werden.

Resümee: Im menschlichen Denkapparat gibt es eine Tendenz, das eigene Verhalten als der jeweiligen Situation angemessen („optimal" angepaßt) anzusehen, während das Verhalten anderer eher ihren stabilen Persönlichkeitsmerkmalen zugeschrieben wird. Das kann dazu führen, daß aufgrund dieser (Stabilitäts-)Annahme die Erfahrungs- und Lernfortschritte anderer unterschätzt werden.

In diesem Zusammenhang ebenfalls von Bedeutung sind Untersuchungen zu einem anderen Problem beim Attribuieren. Es geht um die Frage, welche Ursachen jemand für seinen Erfolg oder Mißerfolg verantwortlich macht.
Eine Fülle empirischer Studien kommt außerdem zu dem Ergebnis, daß sich Versuchspersonen für ihren Erfolg selbst verantwortlich fühlen, während sie bei Mißerfolg häufig „externe" Faktoren, wie Zufall oder Schwierigkeiten der Aufgabenstellung, als Ursachen anführen.
(Eine Übersicht der empirischen Ergebnisse zu dieser Fragestellung findet sich bei Weiner et al. 1972, Fitch 1970, Luginbuhl et al. 1975.)
Miller (1976) hat dieses Thema erweitert, indem er den Einfluß des Engagements des Beurteilers („Ich-Beteiligung") auf die Attribution von Erfolg und Mißerfolg untersucht; und zwar mit folgendem Ergebnis:
- Versuchspersonen reagieren ausgeprägter selbstschützend, das heißt extern attribuierend, bei hoher als bei niedriger Ich-Beteiligung, wobei dieser Effekt bei Erfolglosen häufiger auftritt als bei Erfolgreichen.
- Erfolglose mit hoher Ich-Beteiligung attribuieren ihre Leistungen eher auf Glück und Pech, weniger als Resultat eigener Anstrengung und Fähigkeit.
- Erfolgreiche mit hoher Ich-Beteiligung dagegen halten ihre Fähigkeiten für die Ursache des Erfolgs.[62]

Für die Interpretation dieses Ergebnisses ist anzumerken, daß das Engagement der Versuchspersonen erst nach der Durchführung der Aufgabe aufgebaut bzw. installiert wurde, das heißt, daß Leistungsunterschiede nicht mit Motivationsunterschieden erklärt werden können.

Es gibt eine ganze Reihe anderer empirischer Untersuchungen, die auf weitere nichtmotivationale Komponenten beim Kausalattribuieren hinweisen:
- Individuen sind eher geneigt, Verantwortung für erwartete als für unerwartete (für wenig wahrscheinlich erachtete) Ereignisse zu übernehmen. Das gleiche gilt für wachsenden Erfolg im Gegensatz zu konstantem Mißerfolg (Miller und Ross 1975).
- Ein Akteur (statt Zufall, Glück oder Pech) wird eher verantwortlich gemacht bei Handlungen, die zu ernsthaften, schwerwiegenden Konsequenzen führen als für Handlungen mit trivialen Konsequenzen (Walster 1966).
- Akteure werden ebenso eher für Handlungen verantwortlich gemacht, die zu einem Ertrag (Gewinn) führen, als für solche, die Verluste oder negative Konsequenzen vermeiden (Kelley 1972).

- Aktionen, die sich gegen den Beurteilenden selbst richten oder Konsequenzen für ihn haben, werden eher stabilen Eigenschaften des Agierenden zugeschrieben als Aktionen, die den Beurteiler selbst nicht berühren oder gar nicht betreffen (Jones und Davis 1965).
- McArthur (1978, zit. nach Nisbett und Ross 1980, 133 f) geht davon aus, daß die Wahrscheinlichkeit, mit der eine Information als Kausalerklärung akzeptiert wird, zunimmt, je mehr schlußfolgernde Schritte nötig sind, um sie zu verstehen bzw. anzuwenden.
- Auch durch semantische Variationen läßt sich beeinflussen, was als kausale Erklärung angesehen wird: Eine Studie von Pryor und Kriss (1977) zeigt, daß etwas dann eher als ursächlich angenommen wird, wenn es den Versuchspersonen als Subjekt statt als Objekt eines Satzes angeboten wird.
- Was oder wem auch immer jemand seine Aufmerksamkeit verstärkt widmet, wird von demjenigen eher als für bestimmte Ereignisse verantwortlich akzeptiert (vgl. Taylor und Fiske 1975, Arkin und Duval 1975, Regan und Totten 1975).

Resümee: Im menschlichen Denkapparat gibt es eine Tendenz, Erfolge sich selbst zuzuschreiben und für Mißerfolge andere (oder etwas anderes) verantwortlich zu machen. Die Verantwortung für eine Aktion wird dem Handelnden eher zugeschrieben, wenn es sich um erwartete (statt unerwartete) Ereignisse handelt, bei wachsendem Erfolg (statt permanentem Mißerfolg), bei Handlungen mit schwerwiegenden (statt trivialen) Konsequenzen, ebenso bei Handlungen, die einen Gewinn bringen (statt Verluste vermeiden).

Kausale Erklärungen werden von einem Beurteiler eher als solche akzeptiert, je mehr schlußfolgernde Schritte zu ihrem Verständnis bzw. ihrer Anwendung notwendig sind, und wenn sie als Subjekt (statt als Objekt) eines Satzes präsentiert werden.

Täuschungen beim Erinnern

Die Selektivität der Wahrnehmung und das Vergessen von Einzelheiten führen dazu, daß dem Menschen nur fragmentarische Informationen über Vergangenes zur Verfügung stehen. Soll er sich nun an eine bestimmte Situation erinnern, werden die Lücken zwischen den erinnerten Fakten oder Daten durch neue (erfundene) Zwischenstücke geschlossen, und zwar so, daß die Situation „logisch", widerspruchsfrei und in sich stimmig bleibt bzw. wird. Diese Rekonstruktionen können ungenau sein; ebenso können sie die Informationen der Vergangenheit damit teils bekräftigen, teils auslöschen. Die Ursache für dieses Phänomen liegt in der Tatsache, daß Wahrnehmung und Erinnerung keine „Kopierprozesse" sind, sondern aktive schöpferische Vorgänge (vgl. Kap. 4, S. 26 f).[63] „Perception and memory are decision-making processes affected by the totality of a person's abilities, background, attitudes, motives and beliefs, by the environment and by the way his recollection is eventually tested. The observer is an active rather than a passive perceiver and recorder; he reaches conclusions on what he has seen by evaluating fragments of information and reconstructing them." (Buckhout 1974, 24)

Buckhout (1974, 23 ff) hat einige Einflüsse zusammengestellt, die die Möglichkeit bzw. Fähigkeit einschränken, Vergangenes komplett zu rekonstruieren:

- *Bedeutung des Ereignisses für den Beobachter.* Auch bei im Rahmen von Planungsaufgaben durchgeführten Befragungen kommt es vor, daß jemand etwas über eine Situation aus der Vergangenheit sagen soll, die ihn damals wenig oder gar nicht interessiert hat. Ein Experiment zu diesem Problem wird von McKeen Catell (1895, vgl. Buckhout, 1974, 24) berichtet, in dem Studenten ihren täglichen Weg zur Universität beschreiben sollten: Die Angaben waren unvollständig und unzuverlässig. Manche Studenten waren sich über Details sicher, die gar nicht existierten.
- *Erwartungshaltung des Beobachtenden.* Wie Vorurteile, Stereotypen das, was beobachtet wird, beeinflussen, hat Allport in einer klassischen Studie aufgezeigt (vgl. Buckhout 1974, 26):
Seine Versuchspersonen konnten einen kurzen Blick auf ein Bild werfen, das mehrere Personen in einem U-Bahn-Wagen zeigte; darunter zwei Männer, ein Weißer mit einem Messer in der Hand und ein Schwarzer. 50 Prozent der Versuchspersonen berichteten später, das Messer sei in der Hand des schwarzen Mannes gewesen.
Zu diesem Thema gehört, wenn auch nur ergänzend, die kaum übersehbare Menge empirischer Untersuchungen zu motivationalen Komponenten der Wahrnehmung und damit auch des Erinnerns (vgl. dazu Graumann 1966).
Beispielsweise nehmen arme Kinder Geldstücke größer wahr als reiche; und jemand, der lange nichts zu essen bekommen hat, erkennt in verschleierten Dias Eßbares, und zwar um so häufiger, je länger die letzte Mahlzeit zurückliegt.
- *Zeitspanne seit der Beobachtung.* Wie sich Erinnerungen im Lauf der Zeit verändern können, demonstriert ein anderes klassisches Experiment:
Allport präsentierte seinen Versuchspersonen ein unvollständiges, annähernd gleichschenkliges Dreieck. Unmittelbar danach waren alle Versuchspersonen in der Lage, es einigermaßen korrekt wiederzugeben.
Als sie einen Monat später die gleiche Figur noch einmal zeichnen sollten, war diese symmetrischer als das Original. Drei Monate später zeichneten fast alle fälschlicherweise ein vollständiges gleichschenkliges Dreieck (vgl. Kapitel 4, S. 26 f).

Zu der selbständigen „logischen" Komplettierung des Wahrgenommenen kommt noch eine weitere Fehlerquelle hinzu: Vorgänge (Befragungen etc.) können, auch wenn sie erst nach dem zu untersuchenden Ergebnis stattgefunden haben, die Darstellung dieses Ereignisses rückwirkend ändern. Zum Beispiel beeinflußt die Wortwahl einer Frageformulierung das Ergebnis: Fragt man „wie lange" statt „wie kurz", so ändert sich das Ergebnis signifikant (vgl. Harris 1973). Jemand nach der Häufigkeit bestimmter Ereignisse in der Vergangenheit zu fragen und dabei Zahlen vorzugeben („Waren es 1? 2? oder mehr?") führt zu Ergebnissen, die diesen Vorgaben angepaßt sind. Ebenso ändert

sich das Ergebnis, wenn man danach fragt, ob etwas „gelegentlich" oder „häufiger, regelmäßig" auftritt (vgl. Kapitel 7, S. 58 f).
Daß nachträglich gegebene Informationen, die einen zu beurteilenden Fall mit bestimmten Vorurteilen, Stereotypen in Verbindung bringen, die Erinnerung beeinflussen, haben Snyder und Uranowitz (1978) in einem Experiment aufgezeigt:
Die Versuchspersonen hatten die Lebensgeschichte einer Frau zu lesen. Anschließend erhielten einzelne Teilgruppen unterschiedliche Informationen über die aktuellen Lebensverhältnisse der Frau; einigen Versuchspersonen wurde erklärt, sie lebe mit einem Partner, anderen, sie lebe mit einer Freundin zusammen. Einer dritten Gruppe wurden keine Informationen gegeben.
Eine Woche später sollten die Versuchspersonen die Lebensgeschichte rekonstruieren. Es zeigte sich, daß die Antworten der verschiedenen Gruppen signifikant differierten. Sie entsprachen den stereotypen Vorurteilen über den mitgeteilten Lebensstil. Dabei spielte es keine Rolle, ob die Versuchspersonen die zusätzlichen Informationen unmittelbar nach dem Lesen der Lebensgeschichte oder erst eine Woche später, kurz vor dem Erinnerungstest erhalten hatten.
In welcher Weise sich Fragen auf das spätere Erinnerungsvermögen auswirken, die kurz nach dem Ereignis gestellt werden, hat Loftus (1975) präzisiert:
- Werden in einer Befragung kurz nach dem Ereignis bestimmte Merkmale der Situation wiederholt, auch wenn sie sich inhaltlich nicht auf den Kern des Geschehens beziehen, so werden diese Merkmale bei einer späteren Befragung signifikant häufiger erinnert als andere, die in der ersten Befragung nicht vorkamen.
- Auf diese Weise lassen sich auch „Erinnerungen" an Zahlen, Gegenstände oder Ereignisse in den Berichten von Versuchspersonen aktiv herstellen, die in Wirklichkeit in der ursprünglich beobachteten Situation nicht existieren (vgl. Loftus 1975).
- Das Experiment zeigt außerdem die subtile Wirkung von eingeflochtenen Unterstellungen.

Loftus (1975, 567 ff) fragte seine Versuchspersonen, nachdem sie sich einen kurzen Film mit einer Straßenszene angesehen hatten, nach einem (nicht existierenden) Schulbus; dies allerdings auf zwei verschiedene Weisen, einmal direkt („Haben Sie den Schulbus im Film gesehen?") und einmal indirekt („Haben Sie die Kinder aus dem Schulbus aussteigen sehen?"). Eine Woche später wurden die Versuchspersonen noch einmal befragt. Von den direkt befragten gaben jetzt 15 Prozent an, einen Schulbus gesehen zu haben, in der zweiten Gruppe waren es dagegen 29 Prozent.
Resümee: Sich an etwas zu erinnern ist, genauso wie etwas wahrzunehmen, ein aktiver und kreativer Vorgang. Vergessenes wird dabei häufig so rekonstruiert, daß die jeweilige Situation entsprechend den Vorstellungen (Stereotypen, Vorurteilen usw.) des Beurteilenden „logisch", in sich stimmig bleibt bzw. wird.
Beim Rekapitulieren eines Ereignisses (z.B. durch eine Befragung) lassen sich außerdem „Erinnerungen" an Zahlen, Gegenstände oder Ereignisse aktiv herstellen, die in Wirklichkeit in der ursprünglich beobachteten Situation nicht existiert haben.

Denkfallen bei rückblickenden Analysen

Die nachträgliche Analyse des Ergebnisses einer Planungsaufgabe kann zu erheblichen Fehleinschätzungen führen, wenn sie unsystematisch durchgeführt wird. Die Denkfallen, um die es hier geht, ist folgende: Wird jemand nachträglich mit einem Ereignis konfrontiert, so ändert der menschliche Denkapparat die Wahrscheinlichkeit, mit der ursprünglich das Auftreten dieses Ereignisses erwartet worden war, die Wahrscheinlichkeit wird in Richtung „ich hab's ja gewußt" verschoben.[64] Entwicklungen und Ereignisse sehen im Rückblick so aus, als ob von vornherein klar gewesen wäre, daß nichts anderes hätte passieren können. Dabei wird unterschätzt, was nachträglich aus solchen Ereignissen gelernt werden kann.

Untersucht wurde dieses Thema in zahlreichen Studien; Fichhoff (1982, 434 f) beispielsweise zählt allein elf auf, und in verschiedenen Zusammenhängen. Fischhoff und Beyth (1975) benutzten die Reise Nixons nach Peking und Moskau, um vorher und nachher Befragungen durchzuführen. Den Versuchspersonen von Fischhoff (1977) wurden Fragen zu Faktenwissen vorgelegt. Fischhoff (1975) bediente sich in drei Experimenten historischer und klinischer Fallbeschreibungen, um folgende Fragen zu untersuchen:

- Wie beeinflußt das Wissen über den Ausgang eines Ereignisses das Urteil der Versuchspersonen?
- Sind sich die Versuchspersonen der Wirkung bewußt, die die Kenntnis über den Ausgang eines Ereignisses auf ihre Wahrnehmung hat?

Die Versuchspersonen wurden dazu von Fischhoff in fünf Gruppen (zu je 80 bis 100 Personen) eingeteilt, eine „Vorher"-Gruppe und vier „Nachher"-Gruppen. Jede hatte eine kurze Beschreibung einer klinischen oder historischen Episode zu lesen, für die vier mögliche Ausgänge angeboten waren. Die „Nachher"-Gruppen erhielten zusätzlich Informationen, in denen ihnen jeweils einer der möglichen Ausgänge als „wahr" dargestellt wurde. Die Studie kommt zu folgenden Ergebnissen:

- Das Wissen um die Ereignisse verleitet die Versuchspersonen dazu, die Wahrscheinlichkeit des Auftretens des ihnen jeweils als wahr berichteten Ausgangs der Ereignisse höher einzuschätzen als die Versuchspersonen ohne Informationen über den Ausgang.
- Ebenso wird die Relevanz der einzelnen in der Fallbeschreibung präsentierten Daten verändert und dem jeweiligen Ausgang des Gesamtereignisses angepaßt.

Eine solche nachträgliche Korrektur und Anpassung an tatsächliche Verhältnisse ist als Lernprozeß von Vorteil. Damit verbunden sind aber die folgenden Nebeneffekte:

- Die Versuchspersonen überschätzen rückblickend ihre eigenen Fähigkeiten und Kenntnisse, und zwar nicht nur ihr Faktenwissen (über den jeweiligen Sachverhalt) insgesamt, sondern auch wieviel sie davon ohne nachträgliche Informationen gewußt hätten (vgl. Fischhoff 1977, 350 ff; 1975, 292 ff).

- Sie sind sich der Wirkung nicht bewußt, die die Kenntnisse der Ergebnisse auf ihre Wahrnehmung hat und überschätzen, was sie selbst ohne deren Kenntnis gewußt hätten. Sie lassen also den Vorteil, gewußt zu haben, was geschehen ist, nicht gelten (vgl. Fischhoff 1975, 293 ff).
- Die nachträgliche Veränderung der Beurteilung ist um so ausgeprägter, je länger das Ereignis zurückliegt (vgl. Fischhoff und Beyth 1975, 7; Fischhoff 1977, 352).
- Versuchspersonen, denen explizit erklärt wird, daß man bei solchen Aufgaben normalerweise Fehler macht, wie die Fehler zustandekommen und worauf sie bei ihrer Beurteilung achten müssen, sind trotzdem nicht in der Lage, den Fehler zu vermeiden (vgl. Fischhoff 1977, 356).

Die nachträgliche Korrektur des eigenen Urteils hängt außerdem davon ab, ob der fragliche Aspekt vorher falsch oder ansatzweise richtig eingeschätzt wird. Ursprünglich fehlerhafte Einschätzungen werden signifikant anders behandelt als richtige (vgl. Fischhoff 1977, 355).

Bei Fischhoff und Beyth (1975) zeigten die Versuchspersonen eine ausgeprägte Tendenz, ihre ursprüngliche Beurteilung von Ereignissen zu überschätzen, die nachher auch wie von ihnen vermutet eingetreten waren.

Die Tendenz, sich daran zu erinnern, daß sie einem nicht eingetretenen Ereignis eine (geringe) Wahrscheinlichkeit zugeordnet hatten, war dagegen unbedeutend.

Fischhoff (1977, 353 f) kommt zu dem Ergebnis, daß von den falschen Beurteilungen nur diejenigen nachträglich angepaßt werden, bei denen sich die Versuchspersonen fälschlicherweise extrem sicher waren, die richtige Antwort gegeben zu haben. Die (unbewußte) nachträgliche Korrektur einer Einschätzung fällt außerdem um so stärker aus, je größer die Differenz zwischen vermuteter und tatsächlicher Wahrscheinlichkeit ist (Fischhoff 1975, 291). Die Versuchspersonen waren also in keiner Weise überrascht, wo sie es eigentlich hätten gewesen sein müssen (Fischhoff und Beyth 1975, 6 ff).

Die Ergebnisse weisen auf zwei planungsrelevante Probleme hin:
- Unsystematische Untersuchungen von Planungsergebnissen können zu erheblichen Fehleinschätzungen führen, weil der menschliche Denkapparat nur bedingt in der Lage ist, aus der Vergangenheit zu lernen.
- Die Anzahl der Überraschungen, die wir in der Vergangenheit sehen, wird durch den Denkapparat künstlich reduziert; infolgedessen wird unterschätzt, was und wieviel rückblickend gelernt werden kann.

Das bedeutet zugleich, daß das eigene Wissen überschätzt wird; es besteht insofern auch kein unmittelbarer Anlaß, weiter zu lernen, bzw. sich um neues Wissen zu bemühen.

Resümee: Es gibt im kognitiven Apparat eine Tendenz, die den Menschen dazu anhält, beim Rückblick auf eingetretene Ereignisse „ich-hab's-ja-gewußt" zu sagen oder zu denken, und zwar auch dann, wenn man die Chance, daß dieses Ereignis eintritt, vorher anders beurteilt hat. Obwohl diese Strategie im Sinne eines Lernprozesses zweckmäßig ist, sind damit zwei Probleme verbunden:

- Die Meinungsänderung findet normalerweise unbewußt statt, was dazu führt, daß Wissenslücken unentdeckt bleiben.
- Die Tatsache, daß man auf Ereignisse zurückblickend nicht überrascht ist, kann dazu verleiten, auch in Zukunft (bei neuen Planungen) nur wenige Überraschungen zu erwarten bzw. Planungen zu entwerfen, bei denen so getan wird, als ob es keine Überraschungen gäbe.

11 Eine „evolutionistisch" orientierte Zusammenfassung

Zweck der vorangegangenen Kapitel war es zu zeigen, daß es im menschlichen Denkapparat während der Prozedur des Planes gelegentlich zu „Fehlurteilen" kommt, und in welchen Zusammenhängen diese Fehler oder Verwechslungen auftreten. Die Darstellung konzentrierte sich deshalb in erster Linie darauf, anhand empirischer Forschungsergebnisse den jeweiligen Problemkern einer Denkfalle herauszuarbeiten und deutlich zu machen.

Dieses Kapitel behandelt das oben Beschriebene aus einer anderen Perspektive: Es soll versucht werden, eine Reihe kognitiver Grundmuster zu charakterisieren bzw. abzugrenzen, auf die sich die oben referierten Befunde (möglicherweise) zurückführen lassen.

Vom Argumentationszusammenhang her handelt es sich um einen Versuch, das bisher Gesagte im Kontext der in Kapitel 2 beschriebenen Theorie der Evolution des Denkens bzw. der Wirkung ratiomorpher Schemata zuzuordnen. Trotzdem, oder gerade deshalb muß die eigentlich zentrale Frage beim gegenwärtigen Forschungsstand offen bzw. unbeantwortet bleiben. Ob und inwieweit es sich nämlich bei den nachfolgend skizzierten kognitiven Grundmustern im einzelnen um *evolutiv* begründete Denkstrategien handelt, ist an dieser Stelle nicht zu klären.

Daß, gerade was dieses Problem angeht, besondere Vorsicht geboten ist, resultiert vor allem aus der im Hinblick auf Planungsrelevanz, Empirie und Verfügbarkeit empirischer Studien (vgl. Kapitel 3) dreifach selektiven Auswahl des behandelten Materials. Das Thema dieses Abschnitts reduziert sich deshalb auf die Frage, welche kognitiven Grundmuster ausreichen, um die hier aufgearbeiteten Befunde (zumindest versuchsweise) zu begründen.

Zwei grundlegende Voraussetzungen:
Die Struktur des Wahrnehmungsapparates und fünf ratiomorphe Schemata

Im Hinblick auf die Zuordnung der Denkfallen ergeben sich die ersten Ansatzpunkte aus der beschränkten Informationsverarbeitungskapazität des menschlichen Wahrnehmungsapparats. Von Bedeutung sind, kurz zusammengefaßt, die folgenden Rahmenbedingungen:
- Die Wahrnehmung ist nicht umfassend, sondern selektiv; das menschliche Gehirn kann nur einen kleinen Ausschnitt der Umgebung wahrnehmen (Kapitel 4, S. 21 f).

Was dabei tatsächlich erfaßt wird, bestimmen – in einem „Wahrnehmungszyklus" (Neisser 1979) – die im Gehirn bereits vorhandenen kognitiven Strukturen des Individuums entscheidend mit.

Wesentlichen Einfluß hat in diesem Zusammenhang das Gedächtnis, zum einen durch die begrenzte Kapazität des Kurzzeitgedächtnisses, zum anderen durch die Eigenschaft des Langzeitgedächtnisses, bestimmte Informationen besser als andere zu speichern bzw. zu behalten.[65]

- Teile des Gehirns[66] sind (mehr als andere Teile) darauf ausgerichtet, Informationen sequentiell zu verarbeiten[67]:

Wegen seiner begrenzten Kapazität ist es nur so in der Lage, große Informationsmengen zu integrieren. Überdies muß es auf sequentielles Wahrnehmen ausgelegt sein, um Ereignisfolgen in der Zeit, das heißt nacheinander präsentierte Informationen, zu erfassen. (Diese Eigenart zeigt sich auch am sogenannten Phi-Phänomen, das heißt der Fähigkeit, aus nacheinander präsentierten Einzelbildern (zum Beispiel eines Filmstreifens) einen kontinuierlichen Ereignisablauf herzustellen; vgl. Hajos 1977, 529.)

Versteht man die Wahrnehmung als ein evolutionäres Produkt der Interaktion zwischen Umwelt und Individuum, so werden über die Selektivität und (zumindest in Teilbereichen) Sequentialität der Wahrnehmung hinaus noch zusätzliche kognitive Denkmuster benötigt, um die (meisten der) oben beschriebenen Denkfallen zu erfassen. Für die referierten Befunde genügen dabei die folgenden fünf:

Es muß (erstens) sinnvoll, das heißt für ein Individuum lebenserhaltend gewesen sein, seine Umwelt unter Kontrolle zu haben bzw. zu halten. (Um es mit einem Beispiel zu verdeutlichen: Es dürfte für einen Urahnen, in dessen Nähe ein mittelgroßer Stein einschlägt, in der Tat zweckmäßig gewesen sein, sich möglichst schnell darum zu kümmern, woher der Stein kommt und warum er ausgerechnet neben ihm eingeschlagen ist, anstatt dieses Ereignis zu übergehen, und sich wieder den normalen Tagesgeschäften zuzuwenden.) Mit dieser Strategie korrespondiert die Notwendigkeit, permanent Ursachen für die Veränderungen und Ereignisse in der Außenwelt zu suchen und gedanklich zu konstruieren.

Des weiteren dürfte es (zweitens) sinnvoll bzw. lebenserhaltend gewesen sein, im Angesicht einer möglicherweise gefährlichen Situation rasch handlungsfähig zu sein, das heißt die Beurteilung der Sachlage mit einer Entscheidung abzuschließen, wobei das Urteil des Denkapparates auch dann eindeutig und konsistent zu sein hatte, wenn die Informationen aus der Außenwelt unscharf, lückenhaft, mehrdeutig oder gar widersprüchlich waren; „handlungsfähig" korrespondiert hier also, weil Widersprüche weitere klärende und damit zeitraubende kognitive Aktivitäten erzwungen hätten, mit „widerspruchsfrei". Es dürfte zweckmäßig gewesen sein, sich auch bei mehrdeutigen Informationen einfach für eine der angebotenen Interpretationen zu entscheiden, um dann – vielleicht – das Falsche zu tun, „als eine mit Sicherheit sinnlose Kompromißlösung zu versuchen" (Lorenz 1959, 279).

Daraus ergibt sich ein weiterer Punkt: Es könnte (drittens) zweckmäßig gewesen sein, diese Handlungsfähigkeit schnell, unter Umständen sogar sehr schnell herzustellen. (Das ist, aus einer evolutionistischen Perspektive betrachtet, verständlich, wenn man bedenkt, daß es für das weitere Leben des Urahnen nicht besonders vorteilhaft gewesen sein dürfte, mit einer Handlung so lange zu warten, bis eine brauchbare Statistik zusammengekommen ist; erst nach dreißig Steinen beispielsweise hätte er, zumindest mit Einschränkungen, Normalverteilung annehmen können.)
Was die Auswahl derjenigen Einflußgrößen angeht, die eine Entscheidung unter Zeitdruck als geraten erscheinen lassen, dürfte es außerdem (viertens) zweckmäßig gewesen sein, sich auf die gefahrverheißenden Aspekte einer Situation zu konzentrieren; etwa in dem Sinne, daß bei Blitzentscheidungen sichergestellt ist, daß ernstzunehmende negative (oder gar tödliche) Konsequenzen in der Eile nicht unberücksichtigt bleiben.
Eine weitere lebenserhaltende Strategie dürfte (fünftens) gewesen sein, sich in einer möglicherweise bedrohlichen Situation unstet, sprunghaft und damit für andere nicht vorhersehbar zu verhalten. (Derjenige Urahne, der immer denselben Weg zur Wasserstelle genommen hat, dürfte für seine Feinde eine leichte Beute gewesen sein.)

Zur Einordnung der Denkfallen

Diese hypothetischen kognitiven Grundmuster, einschließlich der Selektivität des Wahrnehmungsapparates und der Sequentialität der Wahrnehmungsvorgänge, reichen (vorläufig) aus, um die in dieser Arbeit zusammengetragenen Befunde neu zu ordnen.[68]
Die Denkfallen lassen sich – ohne Anspruch auf Vollständigkeit – deuten.
- Sie können entweder eine Folge der Tatsache sein, daß der Wahrnehmungsapparat selektiv und (in Teilen) sequentiell arbeitet.
- Oder sie sind ein Resultat der verlorengegangenen Anpassung der in der Vergangenheit nützlichen und lebenserhaltenden Grundmuster auf inzwischen veränderte Umfeldkonstellationen.
- Oder es handelt sich um fehleranfällige Denk- bzw. Ersatzstrategien, die benutzt werden, um trotz der Beschränkung des Gedächtnisses in unübersichtlichen Situationen mit den zur Verfügung stehenden kognitiven Möglichkeiten zu einem Resultat zu kommen.

Im einzelnen lassen sich die Zuordnungen folgendermaßen vornehmen:

Zur Struktur des Gedächtnisses

Ein Teil der oben beschriebenen Denkfallen läßt sich den Eigenschaften des Gedächtnisses zuschreiben[69]: Das Ausmaß der Selektions- bzw. Reduktionsleistung des Wahrnehmungsapparats wurde bereits in Kapitel 4, S. 21 f beschrieben; die Beschränkung des

Kurzzeitgedächtnisses und die Selektivität der Wahrnehmung dürften sich gegenseitig bedingen.
Die Begrenzung der Anzahl der Themen (auf etwa sieben), die das Gehirn in der Lage ist gleichzeitig zu verarbeiten, korrespondiert mit der (deshalb vermuteten) Beschränkung des Kurzzeitgedächtnisses. Als Kehrseite der Spezialisierung des Wahrnehmungsapparates auf diese Größenordnung läßt sich die Schwierigkeit des Gehirns im Umgang mit großen Zahlen verstehen (Kapitel 4, S. 30 ff).
Was die Sequentialität der Wahrnehmung angeht, so sind die denkbaren Konsequenzen etwas komplizierter und weniger klar. Das Problem bezieht sich auf die Frage nach dem Anlaß für die Schwierigkeiten des Gehirns beim Abschätzen nicht-linearer Beziehungen; hier gibt es (mindestens) zwei Möglichkeiten: Zum einen läßt sich die Strategie der linearen Verrechnung als ein kognitives Grundschema verstehen, das zu einer Zeit entstanden ist, in der in linearen Verknüpfungen zu denken eine brauchbare Annäherung an die Zusammenhänge in der Außenwelt darstellte, als dies heute der Fall ist. Der Bedarf an einem funktionierenden „Zeitreihen-Trend-Analysator" dürfte zu früheren Zeiten nicht bestanden haben, zumindest nicht in der heutigen Form.[70]
(Die Merkwürdigkeiten der persischen Innenpolitik hätten vor hundert Jahren kaum jemanden mehr interessieren müssen als irgendeine Jahrmarktskuriosität; heute müssen sie genau beachtet und analysiert werden. Oder: der Wasserverbrauch der Einwohner der Stadt Frankfurt dürfte den Bewohnern des Hohen Vogelsbergs vor fünfzig Jahren noch gleichgültig gewesen sein; heute betrifft das Kaffeekochen der Frankfurter unmittelbar den Grundwasserspiegel des Hohen Vogelsbergs und damit die dortige Landwirtschaft und die Lebensbedingungen.) Das Gehirn hat für die Verrechnung solcher Zusammenhänge auf die (veraltete) Linearitätsstrategie zur Verfügung. Die heute feststellbaren Schwierigkeiten wären dann eine Folge der Veränderung der realen Welt (und zu den oben genannten fünf kognitiven Grundmustern müßte ein weiteres hinzugefügt werden).
Eine andere besteht darin, die Linearitäts-Heuristik als eine Konsequenz der Sequentialität zu verstehen und damit als Folge der konstruktiven Rahmenbedingungen des Wahrnehmungsapparates; wobei zusätzlich vorauszusetzen ist, daß mehrere nacheinander präsentierte Informationen vom kognitiven Apparat nicht als voneinander unabhängig angenommen werden.
Mit Sequentialität ist, wie oben beschrieben, unter anderem die Fähigkeit des Denkapparats gemeint, zeitlich nacheinander Wahrgenommenes zu Ereignisabläufen zusammenzusetzen. Setzt man voraus, daß zwischen den nacheinander präsentierten Informationen ein Zusammenhang angenommen wird (siehe unten: die „Tendenz zur Kontrolle" bzw. die „Zwangsvorstellung" (Riedl 1981, 73), nach ursächlichen Zusammenhängen zu suchen), dann stellt sich die Frage, wie marginale Abweichungen der nachfolgenden Information von einer vorangegangenen interpretiert werden. Der Wahrnehmungsapparat muß hier über eine Strategie verfügen, solche marginalen Abweichungen zu neutralisieren.

Ein Beispiel: Ein zweites Mal an der Tür des Kollegen vorbeizugehen, veranlaßt das Gehirn nicht im entferntesten dazu anzunehmen, es handele sich um zwei verschiedene Personen, selbst wenn dieser jetzt deutlich anders sitzt oder woanders steht.
Das menschliche Gehirn muß also über eine beachtliche Routine verfügen, wenn es darum geht, die Bedeutung beobachteter Änderungen abzuschwächen, wobei diese Änderungen durchaus auch bemerkt werden können. Marginale, für die Interpretation des Wahrgenommenen „unbedeutende" Änderungen können dabei sowohl extern, das heißt in der Außenwelt, als auch intern stattfinden. Lorenz bezeichnet es als das im zyklischen Prozeß der Wahrnehmung implizierte „Eigenrauschen": „(...) wie bei vielen Sinnesleistungen ist die Empfindlichkeit des Ansprechens komplexer Gestaltwahrnehmung bis hart an jene Grenze gesteigert, jenseits deren die Gefahr auftritt, daß durch Selbsterregung des Apparates Meldungen zustande kommen, denen gar kein von außen kommender Reiz entspricht (...)" „Prägnanztendenz", „Tendenz zur Gestalt schlechthin" (Lorenz 1959, 286 f).
Der Wahrnehmungsapparat verfügt über zahlreiche Muster, die Bedeutung von Änderungen des Wahrgenommenen zu neutralisieren, zum Beispiel die Farb-, Form- oder Richtungskonstanz, bis hin zu dem relativ komplexen „Reafferenzprinzip", mit dessen Hilfe man in der Lage ist, sicher zwischen Bewegungen des eigenen Körpers und Bewegungen in der Außenwelt zu unterscheiden. Sie werden unter dem Begriff „Konstanzleistung" zusammengefaßt. (Vgl. dazu einführend Lorenz 1959, 272 ff; für eine detaillierte Beschreibung von Campenhausen 1981, 69 ff sowie Metzger 1966)
Aus dieser Perspektive wäre die Linearitäts-Heuristik kein eigenständiges kognitives Schema, sondern eine notwendige Folge der Sequentialität und, parallel zur Konstanzleistung des Wahrnehmungsapparates, eine Strategie, nicht jede Änderung in der Außenwelt als gravierend anzusehen.
Zumindest auf der Basis des hier zur Verfügung stehenden Materials läßt sich kein Votum für eine der beiden Erklärungsansätze formulieren.
Von dieser Schwierigkeit abgesehen, lassen sich einige der oben referierten Befunde der Linearitätsheuristik zuordnen, wobei Linarität, in Anlehnung an Bunge (1974), nicht nur auf der empirischen Ebene (vgl. Kapitel 7, S. 56 f), sondern auch (im Sinne von: für den nächsten Schritt, die nächste/benachbarte Einheit etwas „Ähnliches" erwarten) auf der konzeptionellen und auf der semantischen Ebene (dort zum Beispiel in Form von Assoziationen) angenommen werden kann. Danach wären „illusionäre Korrelationen" (Kapitel 6, S. 49) der semantischen Ebene zuzuordnen bzw. die Repräsentativitätsheuristik und deren Folgeeffekte (Kapitel 7, S. 60) den Theorien (eingeschlossen Stereotypen, bzw. implizite Persönlichkeitstheorien), der konzeptionellen Ebene sowie Fakten (zum Beispiel zu Wachstumsprozessen) der empirischen Ebene.
Die in Kapitel 6, S. 52 f beschriebene Konservatismustendenz ist ebenfalls hier einzuordnen. (Zur Unterscheidung dieser Ebenen vgl. Kapitel 6, S. 47 f).
Ein anderer Teil der oben beschriebenen Denkfallen läßt sich den speziellen Charakteristika des Langzeitgedächtnisses zuschreiben, wobei hier schwerpunktmäßig zwei Ef-

fekte zum Tragen kommen: Fragen der Verfügbarkeit bzw. Popularitätseffekte (Kapitel 4, S. 30 ff) stellen sich in diesem Zusammenhang als eine Folge der trivialen Tatsache dar, daß Informationen, die häufiger wiederholt werden, auch besser behalten werden und damit leichter zur Verfügung stehen. Das gleiche gilt für die sogenannten Recency-Effekte (Kapistel 4, S. 23 ff), das heißt für zuletzt wahrgenommene Informationen.

Mehrere, in zeitlichem Abstand durchgeführte Rekapitulationen eines Sachverhaltes bergen außerdem die Schwierigkeit in sich, daß zwischen den einzelnen Rekapitulationen und dem Originalereignis nachträglich nicht ohne weiteres unterschieden werden kann, was zu dem Effekt führt, daß sich durch nachträgliche Befragungen „erinnerte" Fakten zum Originalereignis hinzufügen lassen (Kapitel 10, S. 84 ff).
Ein anderer Aspekt bezieht sich darauf, daß Informationen dann leichter behalten werden, wenn sie den kognitiven Strukturen des Wahrnehmenden entsprechen. Dazu gehört auch, daß solche Informationen nachträglich im Sinne dieser Strukturen ergänzt werden (Kapitel 10, S. 84 ff). Schon in einem ersten Schritt sollte hier allerdings zwischen ereignisbezogenen Mustern („scripts") und personenbezogenen Mustern („personae") unterschieden werden (vgl. Nisbett und Ross 1980, 32 ff).
Ebenfalls auf die Erinnerungsfähigkeit zielt die Frage der Anschaulichkeit (Kapitel 4, S. 34 ff). Nach Ansicht von Smedslund (1963) repräsentieren die Entwicklungsstadien der kognitiven Funktionen bei Kindern (vgl. Piaget und Inhelder 1951/1975) verschiedene kognitive Ebene, wobei auch Erwachsene noch konkrete Ebenen den abstrakteren vorziehen.[71]
In diesen Kontext läßt sich (zumindest teilweise) die Ignoranz gegenüber unanschaulichen, weil nicht ins Schema passenden, falsifizierenden Hypothesen einordnen (Kapitel 4, S. 28 f).
Etwas problematischer ist die Zuordnung der im Experiment von Maier (1931) demonstrierten Blockierung im Hinblick auf eine bestimmte Lösungsmöglichkeit (Kapitel 4, S. 30 ff).[72] Es kann sich hierbei zum einen um die Kehrseite der zur Handlungsfähigkeit geforderten Konsistenz handeln. (Ein Urteil ist schließlich erst dann wirklich konsistent, wenn für die Versuchspersonen keine alternativen Interpretationsmöglichkeiten mehr sichtbar sind. Nur noch eine Interpretationsmöglichkeit zur Verfügung zu haben bedeutet dann aber zwangsläufig, daß das Individuum auf diese fixiert ist, und damit zugleich, daß Alternativen „blockiert" sind. Zum anderen kann es sich bei der Blockierung um einen zweckvollen Mechanismus handeln, das (einmal bis zur Handlungsfähigkeit vorangetriebene und damit) konsistente Urteil für eine gewisse Zeit, bis eine sinnvolle Handlungseinheit ausgeführt ist, zwangsweise bestehen zu lassen, statt lebensbedrohende, weil handlungsunfähig machende Diskussionen über ein Urteil zuzulassen.

Drei der oben beschriebenen kognitiven Grundmuster waren (erstens) die Notwendigkeit, die Umwelt unter Kontrolle zu bekommen, (zweitens) schnell, das heißt nach wenigen Informationen handlungsfähig zu sein, und zwar (drittens) auf der Basis eines konsistenten Urteils; die Punkte im einzelnen:

Zur Kontrolle

Die Tendenz des Menschen, die Umwelt zu kontrollieren, wird von vielen Sozialwissenschaftlern angenommen und mit verschiedenen Begriffen belegt: „striving for superiortiy" (Adler 1930), „instinct to master" (Hendrick 1943), „need for competence" (White 1959), „striving for personal causation" (deCharms 1968) (vgl. Langer 1975, 323). Mit der Notwendigkeit, die Umwelt unter Kontrolle zu bekommen, korrespondiert die permanente gedankliche Suche nach ursächlichen Zusammenhängen. Riedl kennzeichnet diese Erwartung als „Zwangsvorstellung" (1981, 73). Wie in Kapitel 6 dargestellt und aus den Schwierigkeiten im Umgang mit Kontingenzen ersichtlich, gehört die Wahrnehmung von Ursachen nicht zum kognitiven Inventar des Menschen. (Riedl: „Der Aberglaube von den Ursachen" 1981, 75) was stattdessen benutzt wird, sind Ersatzstrategien, die auch vom jeweiligen historischen Kontext abhängig sind, wie zum Beispiel – im Mittelalter – die Tendenz, „Vorsehung" oder das „Schicksal" für Ereignisse verantwortlich zu machen. (Der Mensch „lernte es, spinnwebenfeine Spuren zu erahnen, wahrzunehmen, zu interpretieren und zu klassifizieren". Ginzburg 1980, 11.) Die damit verbundenen Fehlermöglichkeiten reichen von den Denkfallen beim Attribuieren (Kapitel 10, S. 81 ff) bis zur Verwechslung von Zusammenhängen der (von Bunge (1974) postulierten) semantischen, konzeptionellen und empirischen (Problem-)Ebenen (Kapitel 6, S. 47 f). Beide zusammen, die Tendenz zur Kontrolle und die Probleme bei der Beurteilung von Wirkungszusammenhängen, und hier speziell die Unfähigkeit, Zufallsereignisse zu identifizieren (Kapitel 6, S. 45 f), verleiten das menschliche Gehirn dazu, Fähigkeit und Glück zu verwechseln (Kapitel 10, S. 79 f). Die Ambition zu kontrollieren reicht also bis zur Kontrolle von Nichtkontrollierbarem; alles wird post festum kontrolliert, den Zufall eingeschlossen.
Der Versuch, den Umgang mit kausalen Zusammenhängen nicht über Denkfallen zu beschreiben, sondern positiv zu formulieren, führt zu einer Konzeption, die als Hydraulik-Modell (Nisbett und Ross 1980, 127 ff) bezeichnet wird.[73]
Im Kern impliziert dieses Modell das (Vor-)Urteil, daß ein Phänomen nicht mehr als *eine* Ursache haben könne (vgl. Mill 1843/1974, 763) und somit die Tendenz, für ein Ereignis nur eine Erklärung zu suchen: „(. . .) individuals may be primarily motivated to seek a single sufficient explanation for any event, rather than one that is the best of all possible explanations (. . .)" (Kanouse 1972, 131). Dieser Mechanismus tritt dabei sowohl in Zusammenhängen auf, in denen mehrere Ursachen und/oder Wirkungen zeitlich nebeneinander vorkommen, als auch in solchen Konstellationen, in denen Ursachen und Wirkungen in zeitlichem Nacheinander kettenförmig verknüpft sind.

Als „ratiomorph-plausibel" ergibt sich diese Tendenz aus der Tatsache, daß Kontingenzen unterhalb von 0.7 bis 0.8[74] nicht korrekt identifiziert werden (Kapitel 6, S. 50 f), was dazu führt, daß entweder in allen Fällen Zusammenhänge einer Stärke von nahezu Eins angenommen werden – oder eben kein Zusammenhang. Als Folge davon wird eine zweite (oder werden gar mehrere) das jeweilige Ereignis mitdeterminierende Komponente(n) nicht nur überflüssig, sondern sogar (im Sinne des Modells) störend. Das bedeutet außerdem, daß, nachdem eine Erklärung gefunden ist, weitere zusätzliche nicht gesucht und damit nicht berücksichtigt werden. Ist eine Erklärung gefunden, wird die Suche eingestellt, was im übrigen die Bedeutung der Verfügbarkeit von Informationen unterstreicht, und damit indirekt eine weitere Erklärung für das Problem bietet, daß Ökonomen ökonomische Lösungen finden, Soziologen soziologische etc. Hier ist nun allerdings nicht gemeint, daß jemand auf Befragung hin in der Regel einen einzigen Grund für ausreichend hält. Wilson und Nisbett (1978) beispielsweise zeigen, daß Versuchspersonen normalerweise mehrere Erklärungen auflisten; aber obwohl „people sometimes acknowledge the existence of multiple causes, it is clear that they frequently *act* in ways far more consistent with beliefs in unitary causation. In a sense, they behave as if causation were ‚hydraulic' or as if causal candidates competed with one another in a zero-sum game." (Nisbett und Ross 1980, 128)

Ein anderer Aspekt dieses Modells ist die Annahme des zeitlichen Zusammentreffens von Ursache und Wirkung. „Die Erwartung, daß Koinzidenzen wahrscheinlich nicht zufälliger Natur sein werden, ist in uns sogar in einer solchen Verallgemeinerung eingebaut, daß wir fast in jeder Koinzidenz einen direkten Zusammenhang vermuten." (Riedl 1981, 73)

Zur Notwendigkeit, schnell zu entscheiden

Daß die ersten Informationen dazu benutzt werden, schnell ein (Vor-)Urteil aufzubauen, zeigt sich nicht nur am sogenannten „Primacy-Effekt" (Kapitel 4, S. 23 ff), das heißt an der Tatsache, daß die jeweils anfangs präsentierten Informationen (weil sie in das Schema des Wahrnehmenden aktiv und konstruktiv integriert werden) auch besser behalten werden, sondern auch in der in Kapitel 5, S. 38 beschriebenen Arbeit von Oskamp (1965), in der die von den Versuchspersonen vorgenommenen Revisionen des gleich zu Beginn etablierten Urteils im Versuchsverlauf signifikant abnehmen.
In die gleiche Richtung weisen auch (in der vorliegenden Arbeit nicht referierte) Ergebnisse von Untersuchungen (Riedl 1980, 56 f), in denen die Versuchspersonen nach dem vierten, fünften und sechsten Münzwurf in einem (einseitig manipulierten) Münzwurfexperiment zu 80, 90 und 92 Prozent nicht mehr an Zufall glauben wollten „und den (...) Trick lautstark unterbrachen". (Riedl 1980, 56)[75]

Zur Konsistenz

Daß das schnell gebildete Urteil konsistent sein muß, wurde oben dargestellt. Die von Oskamp (1965) dokumentierte ungerechtfertigte Zunahme des Selbstvertrauens (Kapitel 5, S. 38) ist sozusagen die Kehrseite dieser Medaille, aufgrund eines konsistenten Urteils handlungsfähig sein zu müssen. Ein anderes Beispiel für dieses Reaktionsmuster sind, aus der optischen Wahrnehmung, die oben erwähnten sogenannten Kippbilder, über deren Mehrdeutigkeit der Wahrnehmungsapparat nicht in der Lage ist, uns etwas mitzuteilen: das Bild ist konsistent „entweder" – „oder", nie aber mehrdeutig.
Diese Tendenz zu konsistenten Urteilen – „Person as Consistency Seeker" (Taylor 1981, 190) – findet sich in zahlreichen sozialwissenschaftlichen Theorien wieder: Festingers (1957) Theorie der kognitiven Dissonanzen, Heiders (1958) Balance-Modell, Osgoods und Tannenbaums (1955) Kongruitäts-Theorie usw.
Hierzu dürfte auch die Wahrnehmungsverzerrung durch Erwünschtheit (Kapitel 4, S. 36 f) und die durch Wason (1960) aufgezeigte Ignoranz gegenüber Widersprechendem gehören (Kapitel 4, S. 28 f)[76] und selbstverständlich der unter dem „Prägnanzsatz" zusammengefaßte Gesamtkomplex der „Tendenz zur guten Gestalt" (Kapitel 4, S. 26 f), sowie, auf interindividueller Ebene, auch die bei Brehmer (1976) (Kapitel 5, S. 39 ff) und Asch (1955) bzw. Sherif (1936) (Kapitel 8, S. 68 f) demonstrierte Verringerung von Auffassungsdifferenzen in Gruppen.

Zu Zeitdruck, Verhaltensinkonsistenz und rückblickenden Analysen

Die lebenserhaltende Notwendigkeit, Entscheidungen schnell (das heißt unter Zeitdruck) treffen zu können, führt zur Auswahl negativer (das heißt Gefahr signalisierender) Merkmale einer Situation. Sie spiegelt sich in der Untersuchung von Wright (1974) zu Lärm- und Zeitdruckeffekten wider (Kapitel 8, S. 67). Aus der Studie geht hervor, daß der gehetzte Entscheider sich auf jene Aspekte konzentriert, die zum Zaudern, Zweifeln Anlaß geben, und zwar bezogen auf wenige hervorstechende Dimensionen.
In die gleiche Richtung weist die Untersuchung von Knafl und Burkett (1975), die belegt, daß Entscheidungen in unübersichtlichen Situationen sich häufig aus der ablehnenden, also negativen Haltung einer bestimmten Option gegenüber ergeben (Kapitel 7, S. 65 f).
Die fünfte der oben (S. 92) genannten Strategien impliziert, daß es sinnvoll gewesen sein dürfte, sich in einer möglicherweise bedrohlichen Situation unstet, sprunghaft und damit in nicht vorhersehbarer Weise zu verhalten. Diese Strategie findet sich in der mit Medizinern durchgeführten Untersuchung von Einhorn (1972) wieder (Kapitel 5, S. 39 ff).
Was, als letztes, die in Kapitel 10, S. 87 ff, beschriebenen Denkfallen bei rückblickenden Analysen angeht, so wäre es zunächst eine plausible Konsequenz der begrenzten Pas-

sung des Wahrnehmungsapparates, daß Fehleinschätzungen auftreten. Die unentdeckte nachträgliche Korrektur ursprünglicher Ansichten läßt sich dann verstehen als ökonomischer (in bezug auf in Zukunft nicht mehr benötigte Informationen) und konfliktfreier (im Sinne der konsistenten Beurteilung) Umgang mit durch aktuelle Ereignisse irrelevant gewordenen Informationen.

Weiterführende Forschungsthemen

Jede Arbeit, die wie die vorliegende versucht, ein Thema im Spannungsfeld zwischen Planungspraxis und Planungs- bzw. (letztlich) Wissenschaftstheorie zu bearbeiten, läßt zwangsläufig nicht nur mehr Fragen offen als beantwortet werden, sondern wirft in aller Regel auch neue, oder zumindest reformulierte Fragen auf. Aus der eher „mittleren Position" dieser Untersuchung, was den Bereich zwischen Theorie und Praxis angeht, resultiert, daß die sich aus ihr ergebenden Forschungsthemen, wenn die vorliegende Arbeit als „Baustein" nicht ungenutzt bleiben soll, in zwei verschiedene Richtungen zielen; diese beiden Themenbereiche sollen hier kurz skizziert werden. Zum einen stellt sich die Frage nach konkreten Instrumenten für die Planungspraxis. Es wäre sicher nützlich, methodische „Werkzeuge" zu erarbeiten, die geeignet sind, die oben beschriebenen Denkfallen vermeiden zu helfen. Wesentlich erleichtert würde eine solche Aufgabe dadurch, daß es schon eine ganze Reihe von Hilfsmitteln gibt, zum Beispiel die Arbeiten von Zwicky (1966), einschließlich der vielen daraus entwickelten Varianten, oder die von DeBono (1972, 1973, 1978), um nur zwei der bekannteren Autoren zu nennen. (Einen knappen Überblick über einen Teilbereich dieser Thematik liefert beispielsweise das „Vademecum der Ideefindung" von Geschka und v. Reibnitz o.J.) Eine besonders erfolgversprechende Möglichkeit, diese Hilfsmittel zu präzisieren und ihre Verwendung an „zahmen" Problemen einzuüben, bieten die Computer-Dialogspiele, wie sie etwa Dörner bei seinen Untersuchungen – „Lohhausen", „Tanaland" – benutzt.

Der andere Themenkomplex zielt auf eine Reformulierung der theoretischen Überlegungen zur Planung; oder, etwas vorsichtiger formuliert, darauf, das hier Gesagte diesen Überlegungen gegenüberzustellen.

Dabei liegt der Zweck bzw. mögliche Nutzen der vorliegenden Untersuchung nicht in erster Linie darin, Argumente gegen ein normatives Rationalitätskalkül zu liefern. Daß das Konzept der Rationalität in der Planung überstrapaziert wurde, ist bekannt. (Siehe z.B. „The Principle of Bounded Rationality" (Simon 1967, 196 ff); vgl. auch Tenbruck (1972, 33 ff) oder, auf der wissenschaftstheoretischen Seite, Stegmüller (1973, 287 ff). Der mögliche Nutzen liegt vielmehr darin, daß hier die Alternative nicht nur negativ, das heißt ausgrenzend, benannt wird (was in anderen Arbeiten an Begriffen wie „nicht-rational", „eingeschränkte Rationalität" erkennbar ist), sondern darin, daß dieser

„nicht-rationale" Bereich selbst inhaltlich zum Gegenstand gemacht und diskutiert wird.
Die Konsequenzen einer solchen Weiterführung des Themas sind von dieser Stelle aus nicht bis ins letzte Detail zu übersehen. Schon jetzt aber ist klar – und zwar nicht nur für den Experten –, daß eine solche Argumentation sich gegen all jene Planungstheoretiker wenden und ihnen den (argumentativen) Boden unter den Füßen wegziehen wird, die Planen zum Beispiel als Bewältigen von Wahlproblemen verstehen, „Ziele" als unabhängige Fixpunkte begreifen und mit „Absichten" verwechseln; oder (immer noch) daran glauben, daß es „richtige" Entscheidungen gäbe und dabei auf irgendwelchen Zwischenstufen einen imaginären „Nutzen" festlegen – um nur einige Aspekte zu nennen (vgl. dazu auch Heidemann 1981 oder Schaffitzel 1982).

12 Planungsbeispiele

Vorbemerkung

Während sich Aufbau und Gliederung des Hauptteils dieser Studie primär an abstrakten „Strukturmerkmalen" orientieren, soll in diesem Kapitel eine Auswahl der oben beschriebenen Denkfallen an Planungsbeispielen erläutert werden. Das erfordert eine kurze Vorbemerkung.
Als erstes ist festzuhalten, daß die Entscheidung darüber, ob ein Planungsergebnis eine Planungspanne ist, vom Standpunkt bzw. den Erwartungen des Beurteilers abhängt. Jemand kann beispielsweise eine Dorfentwicklungsplanung für „gescheitert" erklären. Hat sich zugleich aber die Zahl der Stammwähler derjenigen Partei erhöht, die die Planung initiiert hat, dürfte die Frage, ob es sich um eine Planungspanne handelt, zumindest umstritten sein.
Ein anderes Problem besteht darin, daß es beliebig viele Möglichkeiten gibt, Planungspannen zu erklären. Man habe nicht genug über die Zusammenhänge gewußt, sich in der Größenordnung einzelner Parameter verschätzt; oder, es habe an Informationen über mögliche Konsequenzen und an Voraussicht gefehlt. Es kann daran gelegen haben, daß die Zeit zum Nachdenken nicht ausgereicht hat oder ein Problem „verschlafen" wurde. Oder man hat darauf vertraut, daß eine Sache schon „von allein läuft". Andere Gründe für Planungspannen sind politische bzw. soziale Widerstände, Interessenkonflikte etc.
Jede Planungspanne läßt sich also, besonders im nachhinein, mit jeder beliebigen Ursachenkonstellation in Verbindung bringen. Die verschiedenen Erklärungsmöglichkeiten sind austauschbar und konkurrieren miteinander.
Im vorliegenden Kapitel wird nun der Versuch unternommen, die (im folgenden beschriebenen) Planungspannen mit Hilfe der zuvor beschriebenen Denkfallen zu erklären. Das bedeutet natürlich, daß in jedem Einzelfall auch andere Deutungen möglich sind.

Planungspannen

Ein Denkschema, das sich aus mehreren Denkfallen zusammensetzt (siehe oben), findet sich als Grundmuster in vielen Planungspannen wieder; es ist das Zahnpastatubenmodell (vgl. die Kapitel 6, S. 42 ff, sowie 11, S. 96). Dabei geht es im wesentlichen darum, daß der menschliche Denkapparat im Handeln, nicht aber notwendigerweise im Reden oder Argumentieren, davon auszugehen scheint, daß ein Phänomen nicht

mehr als eine Ursache haben kann, bzw. eine Ursache höchstens einen Folgeeffekt hat; etwa so:
„Wir begreifen (...) gerade noch direkte Schädigungen von Gifteinleitung in Gewässer, Luftverpestung oder Ausrottung von Tierarten, aber wundern uns bereits, wenn zunächst gar nicht als nachteilig empfundene Entwicklungen wie Straßenbau, Flurbereinigung und Monokulturen natürliche Ökosysteme (...) zerstören." („Der Spiegel" 17/1983, 85)[77]
Dieses Grundmuster kommt in der Planung in vielen Schattierungen vor. So werden oft gleichzeitig auftretende Nebenwirkungen nicht immer von vornherein bedacht: Große Einkaufszentren haben zwar, vor allem in ländlichen Gebieten, die Angebotspalette erweitert, sie haben aber unter anderem auch dazu geführt, daß mancher Tante-Emma-Laden in der näheren und weiteren Umgebung schließen mußte. Dadurch ist das Einkaufen vor allem für die weniger ‚mobilen' Kunden, die nicht in unmittelbarer Nachbarschaft des Einkaufszentrums wohnen, umständlicher, im Extremfall sogar ohne fremde Hilfe unmöglich geworden.
„Durch die zunehmende Anwendung von Erzeugnissen der chemischen Industrie und durch ‚strukturverbessernde' Eingriffe konnte zwar die landwirtschaftliche Produktivität in den letzten Jahren erheblich gesteigert und gesichert werden, aber die Landwirtschaft wurde damit zum Umweltzerstörer. Auf ihr Konto geht der Hauptteil der aussterbenden Tier- und Pflanzenarten." (Budnick et al. 1981, 11 f)
„Vorerst letztes Opfer: die Moorente" („FAZ" 20.8.1983)
Was ebenfalls im voraus oft nicht hinreichend berücksichtigt wird, sind die Nachwirkungen einer Planung:
„Die Kosten der Schülerbeförderung nach der Schulreform belaufen sich in B.W. auf jährlich 280 Millionen Mark. Hier bringt das Land den größten Teil dieser Folgekosten auf." (Budnick et al. 1981, 12)
„Bei der (...) Förderung von Gemeindezentren oder Einrichtungen wie Sportstätten und Schwimmbädern werden zwar die Baukosten durch das Land übernommen, jedoch hat die Gemeinde in den nächsten Jahren die Folgekosten selber zu tragen, in Form von Personalkosten und Unterhaltungskosten." (Budnick et al. 1981, 12)
Unvorhergesehene Nachwirkungen können dabei den ursprünglichen Absichten der Initiatoren entgegenwirken:
„Alljährlich rieseln (...) auf die Agrarsteppen der Bundesrepublik 40000 Tonnen Gifte, bald ein Kilo pro Kopf der Bevölkerung – mit gespenstischem Effekt: Mäusegifte rotten zwar nicht die Spitzmaus aus, wohl aber mancherorts, wie (...) am Bodensee, den Mäusebussard und andere Mäusevertilger. Das wiederum veranlaßt viele Bauern, den Gifteinsatz noch zu verstärken. Die Landwirte werden so zu den Fixern der Nation (...)." („Der Spiegel" 19/1983, 87)
Solche Nachwirkungen können sich auch gegen die Initiatoren selbst richten:
„Ertragssteigerungen von 50 Prozent müssen, wie der Bayerische Bauernverband errechnete, mit einem Mehr an Düngeraufwand von 350 Prozent erkauft werden (...).

Von Jahr zu Jahr deutlicher zeigen sich zudem die Auswirkungen üppiger Kunstdüngung auf das Grund- und Trinkwasser, das durch Nitrat-Ausschwemmungen in vielen Orten der Bundesrepublik bereits so stark belastet ist, daß es nicht für die Zubereitung von Säuglingsnahrung verwendet werden darf." („Der Spiegel" 25/1982; 19/1983, 87)
„Handelsüblicher Phosphordünger, der zwischen 8 und 34 Milligram Cadmium pro Kilogramm enthält, trägt auch dazu bei, daß sich das giftige Schwermetall in den Nieren Zehntausender von Bundesbürgern zu bedrohlichen Konzentrationen anreichert."
(„Der Spiegel" 48/1981; 19/1983, 87)
Ein anderer Typ „unvorhergesehener" Folgeeffekte bezieht sich darauf, daß bei vielen Planungen nicht explizit daran gedacht wird, daß die „Beplanten" sich ihrerseits als Reaktion auf eine Planungsmaßnahme anders verhalten könnten als von den Planern vermutet:
Rund 20 Millionen Mark hat seit 1965 ein Projekt der Entwicklungshilfe gekostet, bei dem 2700 ägyptischen Kleinbauern mit aus Deutschland eingeflogenenen Milchkühen geholfen werden sollte, landwirtschaftliche Betriebe (Viehzucht, Milchwirtschaft) aufzubauen. Ein Problem – aber beileibe nicht das einzige – war, daß man nicht einkalkuliert hatte, was die ägyptischen Bauern mit neugeborenen, und für die Zucht benötigten Kälbern tun würden: sie verkaufen; mit dem Effekt, sich und ihre Familien für längere Zeit finanziell gut versorgt zu haben. („Der Spiegel" 13/1983, 162 ff)[78]
Was hier (neben einigen anderen Denkfallen; siehe unten) mit eine Rolle spielt, ist die stillschweigende Annahme, das Verhalten von Menschen (die eigene Person ausgenommen) werde durch stabile Eigenschaften gesteuert (vgl. Kapitel 10, S. 81 ff).
In der Planungspraxis wird in den seltensten Fällen explizit thematisiert, welches Verhaltens*spektrum* an rational und ratiomorph gesteuertem Verhalten (siehe oben), sich den „Beplanten" auftut, wenn die Planungsmaßnahme erfolgreich implementiert ist. (Daß in den allermeisten Fällen in dieser Beziehung nicht einmal der Status quo hinreichend genau bekannt ist bzw. bekannt sein kann, zeigt schon ein Blick in die Untersuchungen zu Planungsproblemen, die in den Stadtplanungsämtern der Bundesrepublik durchgeführt werden; die Befragung ist dabei nach wie vor die Methode der Wahl, und dies, obwohl seit langem bekannt ist, daß der Vorhersagewert von Befragungsergebnissen für das konkrete Verhalten der Befragten bei 10 Prozent liegt (vgl. Deutscher (1973) bzw. Kapitel 10, S. 84 ff)[79]
Das Thema „Reaktionen der Betroffenen" ist als Ganzes zu komplex, als daß auch nur der Versuch unternommen werden soll, es an dieser Stelle abzuhandeln. „In letzter Zeit häufen sich die Fälle, in denen Widerstand aus der Bevölkerung auf durchgeführt oder projektierte Maßnahmen folgt. Initiativen bilden sich, um entweder Maßnahmen zu verhindern, mit denen sie nicht einverstanden sind, oder auf unerwünschte Folgen hinzuweisen.
Neben Bürgerinitiativen zur Verhinderung von Straßenplanung und Kernkraftwerkbau soll die Bewegung gegen die kommunale Gebietsreform die größte bundesweite Massenbewegung gewesen sein." (Budnick et al. 1981, 13) Trotzdem läßt sich so man-

che Auseinandersetzung zwischen Planern bzw. Politikern und Betroffenen auch in der Terminologie der (oben beschriebenen) Denkfallen ausdrücken, etwa so: Ausgangspunkt ist die Gefahr, hinsichtlich der im Denkapparat erzeugten Ordnung (Kapitel 4, S. 26 f) konsequent so zu tun, als ob andere Interpretationen prinzipiell nicht möglich wären. Gestützt wird diese dann (allein akzeptierte) Variante durch portionierte Informationen (Kapitel 5, S. 38), die sicher zunächst ein wenig auch den Sachverstand erhöhen, sich dann aber hauptsächlich in einer Zunahme des Selbstvertrauens bis hin zu Sendungsbewußtsein niederschlagen. Das Ganze wird dadurch abgesichert, daß Informationen, die nicht ins Konzept passen, ignoriert, wegdefiniert werden oder überhaupt nicht bis in die Regionen des Denkapparats vordringen, die mit bewußtem Denken befaßt sind (Kapitel 4, S. 28 f sowie S. 36 f). Pannen, die durch das eigene Konzept, durch eigenes Tun erzeugt werden (Kapitel 10, S. 73 ff), an denen aber dann andere (Kapitel 10, S. 81 ff) oder die Umstände (Kapitel 10, S. 79 f) schuld sein sollen, werden im nachhinein mit einer Strategie behandelt, die zum einen Wissenslücken „übertüncht" und damit die Erkenntnis verhindert, daß es besser wäre, sich um mehr Sachverstand zu bemühen; zum anderen führt diese Strategie aber auch dazu, daß die Anzahl der Überraschungen, die man in der Vergangenheit erlebt hat, rückblickend gegen Null „runtergedacht" wird, was den Denkapparat dazu verleitet, auch in Zukunft wenige (bis keine) Überraschungen zu erwarten. Die Folge: Ereignisse in der Zukunft werden für planbar gehalten, weil ja nichts Überraschendes kommt (es gab in der Vergangenheit ja auch keine Überraschungen) (Kapitel 10, S. 87 ff).
Wenn außerdem noch die Tendenz zur Kontrolle (Kapitel 10, S. 81 ff), das heißt, Macht über andere ausüben zu wollen, gepaart mit realer Macht, hinzutritt, wird es kritisch, in manchen Kontexten sogar gefährlich bis lebensgefährlich. Die Vorstellung, daß diese das Denken beeinflussenden Strategien im Unbewußten arbeiten sollen, ist dabei besonders beunruhigend.
Daß manche – passend zur simplifizierenden Ordnung (Kapitel 4, S. 26 f) ihres sich selbst überschätzenden Denkapparats (Kapitel 5, S. 38) und mit einem für Beobachter schier unverständlichen Selbst- oder gar Sendungsbewußtsein – durchzusetzen versuchen, was andere, oft mit ähnlich ausgeprägtem Sendungsbewußtsein, nicht wollen, ist ein Phänomen, das zu häufig vorkommt, als daß man nicht jedes Konzept daraufhin überprüfen sollte, ob es nicht ein „Quentchen" zur Aufhellung solcher Ereignisse beitragen kann.
Beispiele? Die Karlsruher Nordtangente, die Mannheimer Stadterweiterung Ost, Hamburg Mottenburg – jede Kommune hat mindestens ein derartiges Thema –, die Volkszählung, der „fälschungssichere" Personalausweis, die Startbahn West, Kernkraftwerke, und, obwohl die Zusammenhänge sicher so einfach nicht sind, lassen sich die Ereignisse im Iran, in Chile, Argentinien oder anderswo auch aus der Perspektive des hier Dargestellten analysieren.
Das (oben beschriebene) Zahnpastatubenmodell impliziert eine weitere Tendenz, auf die gesondert hingewiesen werden soll (sie findet sich auch im weiter unten beschriebe-

nen Trenddenken wieder). Konkret geht es dabei um die Annahme, daß Ursache und Folge in den Dimensionen annähernd übereinstimmen, das heißt, „kleine" Ursachen haben „kleine" Folgen und „große" Ursachen haben „große" Folgen, etwa in folgendem Tenor: „Was soll so ein bißchen Cadmium, acht Milligram pro Kilo Phosphordünger, schon schaden können?" (Vgl. Kapitel 11, S. 96)
„Vor allem um landwirtschaftliche Flächen an besonders feuchten Stellen hochwasserfrei zu legen, wurden Bäche eingedeicht und begradigt. Damit wurden zugleich sukzessive die vorhandenen natürlichen Überflutungsräume beseitigt. Auf diese Weise leistete man Überschwemmungskatastrophen an den Unterläufen Vorschub, was die Wasserbauer am Ende zur Kanalisation der restlichen Gewässerstrecken veranlaßte. Der Effekt: Viele Flüsse treten nun nach beinahe jedem Dauerregen über die Ufer." („Der Spiegel" 23/1983, 82 ff)
Ein anschauliches Beispiel stammt aus dem Militärbereich: Es hat in der Öffentlichkeit eine gewisse Verwunderung und einige Diskussionen ausgelöst, daß man mit einer kleinen, nur fünf Meter langen Exocetrakete ein 4000-Tonnen-Kriegsschiff wie die Sheffield im Wert von ca. 150 Millionen Dollar beim ersten Versuch zerstören kann (vgl. Walker 1983, 16 ff).
Eine Tendenz, die auch schon in den oben genannten Beispielen eine Rolle spielt, ist das Trenddenken. Es handelt sich dabei vor allem um drei Denkfallen, die realiter mehr oder weniger gleichzeitig vorkommen bzw. zusammenwirken: zum einen die Unfähigkeit, nicht-lineare Verläufe abzuschätzen (Kapitel 7, S. 56 f), zum anderen die Repräsentativitätsheuristik (Kapitel 7, S. 60), etwa in dem Sinne, daß für die folgende oder benachbarte „Einheit" etwas „Ähnliches", in den (subjektiv für relevant erachteten) Merkmalen „Vergleichbares" angenommen bzw. erwartet wird, schließlich, da Trenddenken sich primär nur dann als nachteilig herausstellt, wenn Trends „überzogen" werden, die Konservatismustendenz (Kapitel 6, S. 52 f), bei der Individuen dazu neigen, neu hinzukommende Daten nicht ihrer Bedeutung entsprechend zu berücksichtigen, sondern sich zu stark an früheren Erkenntnissen und Ansichten zu orientieren.

Beispielsweise dürften die Finanzprobleme von Bund, Ländern und Gemeinden durchaus auch etwas damit zu tun haben, daß der menschliche Denkapparat für das Abschätzen nicht-linearer Verläufe (z.B. Wachstums- und Zinseszinskurven) nicht gebaut ist. Ein anderes Beispiel ist der nicht-lineare Zusammenhang zwischen Artenvielfalt und zur Verfügung stehender Fläche:
„Obwohl noch nicht alle geoökologischen Zusammenhänge umfassend analysiert sind, scheint festzustehen, daß Flächengröße und Artenvielfalt (...) in ‚exponentieller Abhängigkeit' voneinander stehen. Soll sich die Artenzahl verdoppeln können, muß die Fläche nicht etwa um das Zwei-, sondern um das Zehnfache vergrößert werden (...). Schlußfolgerung: Mit welcher Geschwindigkeit auch immer die Zerstückelung der westdeutschen Landschaft voranschreitet – das Tempo der dadurch bewirkten Ausrottung biologischer Substanz wird noch um ein Vielfaches größer sein (...). Das stille

Sterben [setzt] mithin ein, lange bevor der letzte Quadratkilometer überbaut ist." („Der Spiegel" 18/1983, 91)
Zahlreiche Beispiele für die Annahme, der jetzige Trend setze sich fort, bietet der Bereich der Energiepolitik: Noch 1972 wurden in Frankreich Entscheidungen zum Thema Energie auf die Annahme stetig fallender Ölpreise bis einschließlich 1980–1985 gegründet (vgl. Godet 1983, 181).
Ähnliche Fehlkalkulationen wurden auch auf Seiten der ölproduzierenden Länder gemacht, zum Beispiel in Nigeria oder Mexiko, dessen Staatsverschuldung mittlerweile derartige Dimensionen erreicht hat, daß die meisten der kreditgebenden Banken bankrott wären, wenn, was nach Ansicht vieler der Realität sehr nahe käme, die Kredite zu Verlusten umetikettiert werden müßten.
Trenddenken führt natürlich vor allem dann zu Planungspannen, wenn Trends „überzogen" und Informationen übersehen oder ignoriert werden, die darauf hindeuten, daß der Trend in die „falsche Richtung läuft". Den Fehler, zu lange – bzw. fast zu lange – die essentiellen Merkmale eines Produkts beibehalten zu haben, dürfte beispielsweise die Firma Auto-Union mit dem Zwei-Takt-Motor oder Volkswagen mit dem luftgekühlten Motor gemacht haben. Ähnliche Tendenzen, einen einmal eingeschlagenen Weg trotz veränderter Sachlage fortzuführen, zeigt die Planungsgeschichte des Rhein-Main-Donau-Kanals.
Wie schwer es gelegentlich fällt, veränderte Rahmenbedingungen zur Kenntnis zu nehmen, dokumentieren auch die zahlreich vergebenen und noch häufiger geforderten Erhaltungssubventionen („Subventions-Krankheit"; „FAZ" 29.7.83) für vom Konkurs bedrohte Firmen. Auf lange Sicht wurden dadurch nur die wenigsten Firmen vor der Schließung bewahrt.
Versucht man einmal, statt zu einzelnen Denkfallen mehrere Beispiele aufzuzählen, an einem Planungsbeispiel zu zeigen, daß und wo Denkfallen vielleicht mit dazu beigetragen haben könnten, daß daraus eine Planungspanne wurde, dann bietet sich das Beispiel der Rentenreform von 1972 an. Der folgende Text ist ein Zitat (Sarrazin 1983). Der Verfasser leitete als Ministerialrat unter Matthöfer und Lahnstein das Ministerbüro im Finanzministerium in Bonn. An einigen Stellen sind, ohne Anspruch auf Vollständigkeit, jeweils kursiv, Stichworte eingefügt, die auf oben beschriebene Denkfallen kommentierend verweisen:
„Das starke Wachstum der Löhne und Gehälter seit 1968 und der gleichzeitige Anstieg der Beschäftigtenzahlen hatten Anfang der siebziger Jahre dazu geführt, daß sich ein erheblicher Überschuß in den Kassen der gesetzlichen Rentenversicherung bildete.
Die Vorausberechnungen in den Rentenanpassungsberichten wiesen aus, daß diese Überschüsse in den kommenden 15 Jahren auf über 200 Milliarden Mark anwachsen würden. Unterstellt waren dabei ein andauerndes kräftiges Wirtschaftswachstum, ein andauernd hoher Beschäftigtenstand und starke Zuwächse der Löhne von nominal sieben bis acht Prozent jährlich." – *Dreimal Trenddenken, konjunktiv verknüpfte Ereignisse (Kapitel 7, S. 56 f), Strategie der günstigsten Vermutung (Kapitel 6, S. 54 f)* –

„Einfache Alternativrechnungen zeigten zwar, daß die Milliarden zu einem Nichts zusammenschrumpfen, wenn die optimistischen Annahmen etwas verändert wurden. Aber das fand keine Beachtung." – *Zahnpastatubenmodell: Im Handeln wird ernsthaft nur mit einer Ergebnisvariante gerechnet (Kapitel 11, S. 96)* –
„Koalition wie Opposition behandelten die 200 Milliarden als schon erwirtschaftete, reale Verfügungsmasse." – *Planung, bei der so getan wird, als ob es keine Überraschungen gäbe (Kapitel 10, S. 87 ff), überschätzter Sachverstand (Kapitel 5, S. 38)* –
„Also wurde sie verteilt (. . .). Zur Zeit der Rentenreform 1972 etwa schien es noch undenkbar, daß es nur zehn Jahre später eine längere Phase wirtschaftlicher Stagnation mit sinkenden Beschäftigungszahlen und Lohnsteigerungen von nur vier Prozent geben würde. Die 20 Jahre während Phase ununterbrochenen Wachstums hatte sich als Zukunftsentwurf mit Ewigkeitscharakter in die Köpfe eingegraben." – *Trenddenken* –
„Ein so bescheidener Einbruch wie 1966/67 galt bei überlegter Politik (. . .) als vermeidbar" – *Erste „Warnung" zur Konservatismustendenz (Kapitel 6, S. 52 f), überschätzter Sachverstand, „ich-hab's-ja-gewußt"-Tendenz, überzogenes Selbstvertrauen (Kapitel 5, S. 38), die Notwendigkeit zu lernen wird unterschätzt, die Planbarkeit wird überschätzt, für die Zukunft werden keine unvorhergesehenen Ereignisse erwartet (Kapitel 10, S. 87 ff)* –

„Selbst der krisenhafte Einbruch 1974/75, von dem sich auch die deutsche Wirtschaft nur zögernd erholte, galt als Betriebsunfall" – *zweite „Warnung" zur Konservatismustendenz* – „der bei weltweit klügerer Energiepolitik" – *Überschätzen des Sachverstandes, „ich-habs-ja-gewußt"-Tendenz* – „hätte vermieden werden können. Die Wachstumserwartungen wurden etwas zurückgeschraubt, aber nicht wesentlich." – *Trenddenken* –
„Um die Jahreswende 1978/79 mitten im neuen Aufschwung und noch vor Beginn der zweiten Ölkrise, schien der Anschluß an die Vergangenheit wieder hergestellt: Die Welt war wieder heil, Bonn plante eine neue Rentenreform." – *Für die Zukunft werden keine unvorhergesehenen Ereignisse erwartet.* – „In diesem Klima waren düstere Arbeitsmarktprognosen für die achtziger Jahre kaum gefragt." – *Dritte „Warnung" zur Konservatismustendenz, der Denkapparat als Konsistenz-Sucher (Kapitel 11, S. 98).* – „Zwar ließ sich rein rechnerisch zeigen, daß unrealistisch hohe Wachstumsraten zur Sicherung der Vollbeschäftigung notwendig wären. Aber die meisten rechneten eben nicht, und andere verdrängten das Ergebnis der Rechnung." – *Konsistenz-Sucher* –
„Der plötzliche Sprung in die Massenarbeitslosigkeit erschien als eine Möglichkeit, die gar zu sehr der bisherigen Erfahrung widersprach." – *Repräsentativitätsheuristik (Kapitel 7, S. 60)* –
„Noch im Frühling 1981 spielte bei den Entscheidungen über den finanz- und beschäftigungspolitischen Kurs die Alternative, daß die Arbeitslosigkeit 1982 auf anderthalb Millionen ansteigen könne, keine Rolle. Wer darauf hinwies, die Arbeitslosigkeit könnte noch 1982 auf zwei Millionen wachsen" – *vierte „Warnung" zur Konservatismustendenz* – „galt als unseriöser Schwarzmaler." – *Konsistenz-Sucher* –
„Es ist heute unter Ökonomen aller Couleur fast eine Unanständigkeit, über Stagna-

tion und Unterbeschäftigung zu sprechen, ohne im gleichen Atemzug Schuldige zu benennen." – *Der Denkapparat als Ursachen-Sucher (Kapitel 11, S. 36)* –
„Je nach Standort die Bundesbank, den Finanzminister, die Gewerkschaften, Präsident Reagan oder die um sich greifende Faulheit. Mit dieser Benennung von Schuldigen ist das technokratische Selbstverständnis und der Mythos von der prinzipiellen Beherrschbarkeit" – *Zuschreibung von Handlungsergebnissen aufgrund der Möglichkeit zu handeln, der Dauer des Darübernachdenkens etc. (Kapitel 10, S. 79 f, 81 f)* –
„ökonomischer Abläufe im erwünschten Sinne von Wachstum und Vollbeschäftigung gerettet." – *Überschätzter Sachverstand, überschätzte Planbarkeit* –
„Das gilt für Theoretiker aller Denkrichtungen. Das Streben, die geistige Heimat einmal verinnerlichter Denkfiguren nicht ohne Not aufzugeben, bewirkt, daß neue Entwicklungen (...) immer erst dann zur Kenntnis genommen werden, wenn sie in ihrer vollen Wucht eingetreten sind," – *Konservatismustendenz* – „mögen vorher auch Dutzende kluger Experten darüber verfaßt worden sein." (Sarrazin 1983, 102 ff)

Eine andere oben beschriebene Denkfalle bezieht sich auf die Verfügbarkeit von Informationen und routinisierten Lösungsansätzen (Kapitel 4, S. 30 ff). Während sich pauschal nichts gegen erfolgreiche Lösungsverfahren sagen läßt, gibt es doch gelegentlich zu denken, mit welcher Beharrlichkeit Planer und Wissenschaftler die Lösungen vielschichtiger Planungsaufgaben jeweils innerhalb ihrer eigenen Disziplin suchen – und „finden".

Besonders deutlich sichtbar werden hier Fehlentwicklungen bei Entwicklungshilfeprojekten. Damit soll nicht behauptet werden, daß für Planungspannen in der technischen Zusammenarbeit nur dieser eine Aspekt der Verfügbarkeit verantwortlich ist. (Zum Beispiel reichte der Landbesitz einer einzigen Familie in Nicaragua, um derzeit jeden einst besitzlosen Landarbeiter dort so mit Ackerland zu versorgen, daß er ohne fremde Hilfe sich und seine Familie ernähren könnte; vgl. „Frankfurter Rundschau", 19.8.80.) Dafür, daß der Aspekt der Verfügbarkeit mit eine Rolle gespielt haben könnte, sprechen Beispiele allzu simpler Übertragung hiesiger Verhältnisse auf andere Kulturbereiche:
Bauern in Nordthailand wurde mit Unterstützung der GTZ erfolgreich dabei geholfen, mit Milchkühen eine Viehwirtschaft aufzubauen; das Problem: die meisten Thai trinken keine Milch. (vgl. „Der Spiegel" 13/1983, 162 ff)
Wenn es um Probleme der Verkehrsplanung und des Transportwesens in ländlichen Gebieten der dritten Welt geht, denken die meisten an Straßenbau; das Problem: Die Transporte in manchen dieser Regionen werden häufig zu über 90 Prozent zu Fuß, mit dem Fahrrad oder mit Tierkarren bewältigt, für andere Transportmittel fehlt das Geld. (vgl. Kaira 1983)
Das Sendungsbewußtsein, mit dem auch heute noch manches Projekt der technischen Zusammenarbeit konzipiert wird, wird seit längerem heftig kritisiert:

„Noch vor wenigen Jahrzehnten war es weithin selbstverständlich, daß jemand, der nicht Christ beziehungsweise Moslem war, von den Angehörigen dieser Religionen ‚bekehrt' und ‚zivilisiert' zu werden hatte. Heute scheint sich von Angehörigen westlicher wie östlicher Industriegesellschaften ein ähnlich selbstverständlicher Bekehrungseifer auf die zu richten, die (noch) nicht die Segnungen gesicherter Lohnarbeit genießen. Als ob das Endstadium menschlicher Emanzipation im Status des organisationsabhängigen Erwerbstätigen bestünde, dessen Leben und soziales Verhalten säuberlich nach ‚Produktion' und ‚Konsum', ‚Arbeit' und ‚Freizeit' aufgeteilt sind!" (Grosser 1982, 3 f).

Zu einem anderen Thema:

In Kapitel 6 wurde die Unterscheidung von semantischer, konzeptioneller und empirischer Ebene dargestellt und diskutiert.

Was auf der konzeptionellen Ebene miteinander verknüpft ist, muß nicht auf der empirischen Ebene verknüpft sein (vgl. Kapitel 6, S. 50 f). Ohne hier weiter auf die Probleme der Theorienkonstruktion einzugehen, seien als Beispiele die auch heute noch gelegentlich vertretenen Annahmen über den „ursächlichen" Zusammenhang bestimmter Bauformen (z.B. Hochhäusern) und irgendwelchen „Krankheiten" oder Phänomenen, wie Kriminalität, genannt (vgl. Kapitel 6, S. 42 f). Diese Annahmen sollen hier nicht bestritten werden. Was bis heute allerdings trotz intensiver Forschung fehlt, sind einigermaßen ernstzunehmende wissenschaftliche Untersuchungen, mit deren Hilfe solche Thesen untermauert werden könnten (vgl. Schönwandt 1982).

Daß in solche, vom menschlichen Denkapparat hergestellte Beziehungen häufig kausale Zusammenhänge „hineingedacht" werden (vgl. Kapitel 10, S. 81 ff sowie 11, S. 96), demonstriert (ironisierend überzogen) folgendes Zitat: „Bergsons ‚élan vital' läßt uns das Lebendige nicht besser verstehen als ein ‚élan locomotive' das Wesen der Dampfmaschine erklärte." (Riedl 1981, 86)

Weniger klar war dieser „Mechanismus" Mitarbeitern des Planungsstabs für Stadtentwicklung der Stadt Karlsruhe. Sie projektierten im Sommer 1983 eine empirische Untersuchung zum Thema Kriminalität, bei der nur das die Wohnung von Tatverdächtigen umgebende „Milieu" (nicht aber der Tathergang u.a.) untersucht werden sollte, und zwar in der erklärten Absicht, daraus ein Instrumentarium entwickeln zu können, mit dessen Hilfe dann versucht werden sollte, die Häufigkeit krimineller Handlungen zu reduzieren.

Durch „heftiges Nachdenken" war in den Köpfen der Bearbeiter ein Zusammenhang entstanden, von dem sie auch nicht durch den Hinweis abzubringen waren, es sei doch schließlich auch nicht zu erwarten, daß das Verhalten von Schauspielern ausschließlich durch die Kulissen gesteuert werde.

In diesem Zusammenhang auch für Planung von besonderer Bedeutung ist das Problem, daß es dem Denkapparat schwerzufallen scheint, die konzeptionelle, empirische und semantische Ebene auseinanderzuhalten. Diesen (Verwechslungs-)Fehler macht jeder, der „Wachstum" für etwas direkt Förderbares, das „Bruttosozialprodukt" für etwas real Existierendes oder „Intelligenz" für mehr hält als nur einen beschreibenden Begriff, „eine Begriffsvorstellung, wie sie Menschen entwickeln, wenn sie etwas nur oberflächlich verstanden haben" (Neisser 1983, 59).[80]

Schlußbemerkung

Zweck dieses Kapitels war es, einige Beispiele zusammenzutragen, bei denen Denkfallen mit eine Rolle gespielt haben könnten. Es war nicht beabsichtigt, jeder einzelnen Denkfalle das ihr entsprechende Beispiel zuzuordnen.
Um zu sehen, daß sich Sachverstand und Selbstvertrauen durchaus getrennt entwickeln können, genügt es ohnehin, eine Zeitung zu lesen oder die Nachrichtensendungen im Fernsehen zu verfolgen.
Andere Denkfallen lassen sich darüber hinaus im Selbstversuch demonstrieren: Daß beispielsweise der menschliche Denkapparat kaum in der Lage ist, mehr als fünf bis maximal sieben verschiedene Themen gleichzeitig zu verarbeiten, ist leicht zu überprüfen: Man versuche einmal, auf eine Frage zu einem hochkomplizierten Sachverhalt mit einer ausführlichen, fünfteiligen (= fünf verschiedene Aspekte ansprechenden) freien Rede zu antworten – und zwar ohne Hilfsmittel wie etwa „Galton's Spaziergang" (vgl. Anderson 1980, 44) oder ähnliches zu benutzen.

Anmerkungen

1 Vgl. dazu auch Hall (1980): Great Planning Disasters
2 In Kapitel 2 wird der hier benutzte Begriff „Denkfallen" genauer abgegrenzt. Dort wird auch deutlich, daß damit nicht gemeint ist, was alltagssprachlich als „Unwissenheit" oder „Dummheit" bezeichnet wird oder was Linde (1958) zum Beispiel als „polylogische Felder" charakterisiert.
Es gibt einige Autoren, die sich verwandter Termini wie „Denkknoten" (Barz et al. 1981, 62 ff) oder „Psychofallen" (Rubin 1981, 54 ff) bedienen. Der Kerngedanke der vorliegenden Arbeit (siehe unten) wird aber von keinem dieser Autoren benutzt.
3 Zu den Paradoxien der Rationalität vgl. z.B. Rittel 1972.
4 Die Diskussionen in den Planungstheorien skizzieren – zumindest punktuell – die Arbeiten folgender Autoren: Dörner (1976), Faludi (1973), Heidemann (1981), Lindblom (1964), Jantsch (1969), Rittel (1970, 1972, 1977), Rittel & Webber (1973), Ronge & Schmieg (1970), Scharpf (1973), Tenbruck (1972), Vente (1969).
5 Siehe dazu die kritische Analyse von Heidemann (1981).
6 Hier ist nicht der organisatorische Ablauf von Planung gemeint.
7 Abkürzung für die Tageszeitung „Frankfurter Allgemeine"
8 Vgl. Spaeman und Löw (1981)
9 Vgl. dazu z.B. die einführende Darstellung zum „Leib-Seele-Problem" von Armstrong (1983)
10 Eine detaillierte Darstellung der „evolutionären Erkenntnistheorie" findet sich bei folgenden Autoren: Der biologische Aspekt bei Lorenz (1941), der psychologische bei Campbell (1974), der wissenschaftstheoretische in Arbeiten von Vollmer (1974, 1981). Populär wurde sie durch Riedl (1980) und Bunge (1980, 1981).
Die Bezeichnung „evolutionäre Erkenntnistheorie" ist ungenau. „Theorie der Evolution des Denkens" oder „Theorie der Erkenntnisevolution" wären Formulierungen, die den Kern dieser Theorie präziser beschreiben.
Wenn der Terminus „evolutionärer Erkenntnistheorie" dennoch weiter benutzt wird, so deshalb, weil es sich um eine weitgehend gebräuchliche Bezeichnung handelt (vgl. z.B. „Enzyklopädie Philosophie und Wissenschaftstheorie", Mittelstraß 1980, 578).
Diese Theorie ist nicht unkritisiert geblieben. Die Gegenargumente beziehen sich auf das Konzept der Evolution als ex-post-facto Erklärung, auf die Nichtfalsifizierbarkeit dieses Konzepts, auf die darin enthaltene tautologische Argumentation oder z.B. darauf, daß sich mit diesem Konzept keine prognostischen Aussagen machen lassen, etc.
Solche Argumente sind, als „Güte"-Kriterien für Theorien, nicht theoriefrei gewonnen, was konsequent dazu führt, daß auch sie hinterfragt werden können. Das Problem, dieses immer weitere Hinterfragen zu beenden, verweist auf ein theoretisches Konzept, das von Albert als Münchhausen-Trilemma bezeichnet wird; Trilemma deshalb, weil es nur drei Lösungen gibt: infiniter Regreß, epistemologischer Zirkel oder Abbruch des Begründungsverfahrens.
11 „Wir verwenden die Begriffe ratiomorph und rational im Sinne unreflektierten und reflektierten Verhaltens." (Riedl 1980, 63)
12 Dieses Thema berührt einige traditionsreiche philosophische Fragestellungen, wie die Diskussionen zum Thema „Dualismus" oder das sogenannte „Leib-Seele-Problem", die, und dieses Manko ist besonders hervorzuheben, von Lorenz, Riedl und Vollmer entweder überhaupt nicht oder nur am Rande diskutiert werden. Zu diesen Fragestellungen vergleiche zum Bei-

spiel Armstrong (1983) oder die „klassischen" Veröffentlichungen von Place (1956), Feigl (1958) oder Smart (1959).
13 Es ist damit nicht gemeint, daß hier völlig theorielos (im Sinne von theoriefrei) argumentiert würde. Daß das nicht möglich ist, haben die Diskussionen in der Wissenschaftstheorie eindeutig klargelegt (vgl. dazu z.b. Feyerabend 1970 (a, b) oder Kuhn 1967).
14 Nützliche Informationsquellen waren hier die Arbeiten von Nisbett und Ross (1980) und Hogarth (1980) sowie von Kahneman, Slovic und Tversky (1982).
15 Die nachfolgende Darstellung bietet hinsichtlich der „Künstlichkeit" von Experimenten ein zusätzlich verzerrtes Bild. Das liegt daran, daß sich sehr einfache Experimente auch prägnant und kurz beschreiben lassen, was bei anderen nicht möglich ist. Dearborn & Simon (1958) beispielsweise benutzen in ihrem Experiment eine (Fall-)Beschreibung einer Stahlfirma, die einen Umfang von ca. 1000 Worten hat.
16 Im folgenden wird das Wort „Gehirn" benutzt, wenn das Gehirn als biologisch-chemisch-physikalische Entität gemeint ist. Mit „Denkapparat", „kognitivem Apparat" o.ä. werden dagegen Denkvorgänge bezeichnet.
17 Vgl. dazu Reschers Argumentation, vom Machen, der Praxis – „Does it work?" (1973, 3) – als dem primären Regulativ für wissenschaftliches Arbeiten auszugehen
18 Für eine ausführliche Diskussion zum Thema Wahrnehmung vgl. z.B. Metzger 1966
19 „Für die Übertragung des Informationsgehaltes eines Buchstabens genügen etwa 6 bit. Eine Seite geschriebener Text bei 45 Zeilen pro Seite und 80 Buchstaben pro Zeile hat einen Informationsgehalt von 45x80x6 bit, das sind: 21600 bit pro Seite. Ein Buch mit etwa 500 Seiten hätte einen Informationsgehalt von rund 10^8 bit." (Hayos 1977, 537)
20 In den folgenden Kapiteln sind die aus dem Text extrahierten Problemkerne als *Resümee* formuliert. Zur Problematik solcher „Destillate" vgl. Schönwandt (1982, 26 ff).
21 Vgl. aber auch die Kritik von Broadbent (1975).
22 Die Autoren beschränken den Begriff „Regeln" nicht auf statistische Rechenverfahren. Akzeptiert bzw. gezählt wurde jedes Vorgehen, dem ein Abwägen verschiedener Ereigniskonstellationen zugrunde lag: „Rules: The set of rules chosen included all those which seemed to the investigators to be plausible bases for judgment." Ward & Jenkins (1965, 235)
23 Für die (insgesamt neun) Experimente wurden fünf verschiedene Aufgabenbereiche aus der Wirtschaft (z.B. Produktmanager, Einkäufer etc.) mittels (Computer-)Szenarios simuliert. Versuchspersonen waren neben Studenten auch Manager. Die Autoren waren primär daran interessiert, Kriterien für den Entwurf von Computerinformationssystemen zu entwickeln. Die Resultate der Studie zu dieser speziellen Fragestellung sind hier nicht wiedergegeben.
24 Es ist weder für die Problemstellung dieser Untersuchung zweckmäßig noch vom Umfang her überhaupt möglich, an dieser Stelle einen Überblick über die Gestaltpsychologie zu geben. Die nachfolgende Darstellung beschränkt sich deshalb darauf, die Grundzüge von zwei der bekanntesten und einflußreichsten Studien dieser Forschungsrichtung zu skizzieren, wobei anzumerken ist, daß der vorliegende Text sich in der Diktion, vor allem aber in bezug auf die sprachliche Präzision an Veröffentlichungen von 1921 und 1923 orientiert.
25 Zum Beispiel (Wertheimer 1923): „Faktor der Nähe" (S. 308), „der Gleichheit" (S. 309), „des gemeinsamen Schicksals" (S. 316), „der objektiven Einstellung" (S. 319) usw.
26 Für eine ausführliche Diskussion der Prägnanztendenz, des „Prägnanzansatzes" vgl. z.B. Rausch 1966, 904–947
27 Erläuterung: Da eine Ziffernfolge mehreren Regeln genügen kann, wäre das problemadäquate Vorgehen, die vermutete Regel durch falsifizierende Ziffernfolgen „einzukreisen". Es sei daran erinnert, daß die Angabe des Versuchsleiters (richtig/falsch) sich (zunächst) nur auf die von der Versuchsperson notierte Ziffernfolge bezog, nicht auf die daneben notierte Regel.

28 Für eine kritische Zusammenfassung weiterer empirischer Ergebnisse zum Thema Anschaulichkeit von Informationen vgl. Taylor und Thompson (1982)
29 Ein Thema wie „Wunschdenken" sollte nicht ohne einen Hinweis auf diejenigen Arbeiten in der Psychologie erwähnt werden, die sich mit den nicht-sinnlichen Komponenten der Wahrnehmung befassen (vgl. dazu zusammenfassend Graumann 1966). Der hier referierte Befund skizziert nur das gröbste Wahrnehmungsmuster einer Vielzahl motivationaler, sozialer etc. Steuerungsprinzipien. Nisbett und Ross (1980, 228 f) weisen allerdings ergänzend bzw. korrigierend darauf hin, daß der motivationale Anteil in solchen Studien häufig (als „motivational imperialism") überbewertet wurde.
30 Hogarth (1980, 176) weist darauf hin, daß aus evolutionstheoretischer Sicht ein gewisses Maß an Inkonsistenz im Verhalten eines Individuums seinen Feinden gegenüber in mit Unsicherheit behafteten Situationen überlebensnotwendig gewesen sein dürfte. Ein Urahne, der stets den selben Weg zur Wasserstelle genommen hat, dürfte für seine Feinde eine leichte Beute gewesen sein.
Oder: Ein Unternehmen, das seine Marktstrategie konsistent und damit für die Konkurrenz vorhersehbar trifft, hat geringere Chancen, sich in einer Marktwirtschaft zu behaupten.
31 Die Diagnose beinhaltete neun histologische Charakteristika, eine allgemeine Beurteilung der Schwere der Krankheit und eine Angabe in Monaten zur zu erwartende Überlebenszeit des Patienten. (Einhorn 1972, 90)
„Biopsie: Untersuchung (...) von Gewebe, das dem Lebenden entnommen wurde." (Pschyrembel 1972, 137)
32 Tabellarisch dargestellt, ergeben sich daraus vier Kombinationsmöglichkeiten, die die vier Felder besetzen: (1) Krankheit vorhanden/Symptom vorhanden; (2) Krankheit vorhanden/Symptom nicht vorhanden; (3) Krankheit nicht vorhanden/Symptom vorhanden; (4) Krankheit nicht vorhanden/Symptom nicht vorhanden.
33 Wenn hier – und im folgenden – Berechnungen statt Schätzungen empfohlen werden, so bedeutet das nicht, daß die normativen, axiomatischen Probleme von Rechenverfahren bzw. Modellierungen unterschätzt oder gar übersehen werden. Es soll lediglich bedeuten, daß es nicht minder problematisch ist, sich nur auf naive Schätzungen zu verlassen. Es ist klar, daß damit die mit „Berechnungen" zusammenhängenden Probleme nicht gelöst sind.
34 Zwei weitere Beispiele:
(1) In einer Stadt gibt es zwei Taxifirmen, die Blauen und die Grünen (so werden sie wegen der Farbe ihrer Wagen genannt). 85 Prozent der Taxis sind blau, 15 sind grün. Ein Taxi wurde nachts in einen Unfall verwickelt, der Fahrer beging Unfallflucht. Ein Zeuge identifizierte das Taxi später als grün. Das Gericht hat die Fähigkeit des Zeugen getestet, bei Nacht blaue und grüne Taxis zu unterscheiden. Es wurde festgestellt, daß der Zeuge in 80 Prozent aller Fälle in der Lage war, die Farben richtig zu unterscheiden. In 20 Prozent der Fälle wurden die Farben verwechselt. Wie groß ist die Wahrscheinlichkeit, daß das Taxi, mit dem Unfallflucht begangen wurde, tatsächlich grün war, wie der Zeuge behauptet? (vgl. Bar-Hillel 1980, 211 f; der nach dem Bayes-Theorem korrekte Wert: 0.41 (S. 212).
(2) Es wurde ein Gerät erfunden, um die Krankheit X zu diagnostizieren. Es arbeitet gut, aber nicht perfekt. Erkrankt jemand an der Krankheit X, dann ist der Test in 90 Prozent aller Fälle positiv. Ist er nicht erkrankt, gibt es trotzdem eine Chance von einem Prozent, daß der Test positiv ist. Ungefähr 1 Prozent der Bevölkerung leidet unter der Krankheit X. Herr Schmidt wurde getestet, und das Ergebnis ist positiv. Wie groß ist die Wahrscheinlichkeit, daß Herr Schmidt die Krankheit X hat? (vgl. Lyon & Slovic 1976, 288 f; der, entsprechend dem Bayes-Theorem, korrekte Wert ist 0.48).
(Die generellen praktischen Implikationen dieser Befunde werfen ein neues Licht auf die Verläßlichkeit ärztlicher Diagnosen. Da die wichtige Bezugsgröße „Häufigkeit einer Erkrankung

in der Population" in aller Regel dem Diagnostiker nicht bekannt ist, dürften Fehldiagnosen weit häufiger sein als allgemein vermutet).
Für eine einführende Beschreibung des Bayes-Theorems vgl. Sachs (1974, 36–38); detaillierter bei Harrison und Stevens (1976).
Die Frage, ob das Bayes-Theorem in diesem Zusammenhang als Rechenschema geeignet ist, ist selbstverständlich – wie bei jedem Versuch, (hypothetisch angenommene) Realität mit einem Modell zu erfassen – umstritten (vgl. Feyerabend, 1970 b).
In der Diskussion zu dieser Frage werden zusätzlich noch häufig zwei verschiedene Problemstellungen vermischt: zum einen die Frage nach der Beziehung zwischen Modell und Realität, die in den Problemkomplex mündet, daß „kein allgemein akzeptierter Wahrscheinlichkeitsbegriff existiert und verschiedene Begriffe zumindest teilweise zu unterschiedlichen Kalkülen führen". (Scholz 1981, 20). Davon abzuheben ist die Frage nach der Beziehung zwischen Kognition und Modell, wobei hier häufig auf Zadehs „fuzzy logic" (1965) Bezug genommen wird. Obwohl beide Fragestellungen das Thema dieser Untersuchung mittelbar berühren, muß hier auf eine detailliertere Darstellung verzichtet werden.

35 In Kapitel 6 wurde beschrieben, wie die Zahlenwerte zu interpretieren sind.
36 Der Test besteht aus zehn teils unbunten und teils bunten symmetrischen Klecksstafeln, die den Versuchspersonen zur freien Deutung (Phantasiedeutung) vorgelegt werden. Er gehört zu den projektiven Testverfahren. Die Antworten werden nach einem Schlüssel signiert (Signa zugeordnet). Validität und Reliabilität des Tests sind allerdings umstritten. Die Diagnose männlicher Homosexualität wird aber, im Rahmen der Möglichkeiten dieses Verfahrens, als relativ verläßlich angesehen.
37 Auf eine Möglichkeit, die hier beschriebene Differenzierung fehlzudeuten, soll explizit hingewiesen werden. Daten sind nach Meßvorschriften ermittelte Angaben über Ausprägungen von Fakten. Die Meßvorschriften basieren, implizit oder explizit, auf theoretischen Annahmen. Aber auch die sog. „hard facts" werden bekanntlich kognitions- und damit theorieabhängig gewonnen. Insofern ist die Trennung von Theorie und Empirie eine Fiktion.
Hier ist, etwas einfacher, der Startpunkt dieser Prozedur gemeint: Man kann Fakten oder Daten über einen Sachverhalt vor sich haben, und sich die Theorie dazu im kognitiven Apparat ausdenken müssen („datengeleitet"), oder man kann eine Theorie haben und sich die Fakten bzw. Daten dazu suchen müssen („theoriegeleitet").
38 Für eine detaillierte Beschreibung des Versuchsmaterials vgl. Jennings, Amabile und Ross (1982, 218 ff)
39 Die von Jennings, Amabile und Ross (1982) benutzten Zahlenwerte beziehen sich auf Korrelationskoeffizienten. Zu den Voraussetzungen solcher Rechenverfahren (z.B. Linearität etc.) vgl. z.B. Sachs (1974, 298 ff)
40 Durch dieses Nacheinander der Ereignisse unterscheidet sich diese Aufgabenstellung von der in Kapitel 6 (S. 44 f) beschriebenen Fehlleistung beim Verrechnen kombinierter Wahrscheinlichkeiten. Dort waren die zusätzlich zu berücksichtigenden Informationen vorhanden, sie wurden nur übersehen.
Ein Beispiel (Gettys et al. 1973, 364 f): Es soll der Erfolg eines Gartenfestes vorausgesagt werden. Angenommen, die Wahrscheinlichkeit, daß das Gartenfest erfolgreich ist, wird geringer, wenn es regnet. Am Horizont ist eine große schwarze Wolke zu sehen. Der erste Abschnitt besteht darin, aufgrund der schwarzen Wolke die Wahrscheinlichkeit abzuschätzen, mit der es regnen wird. Diese Schätzung ist dann die Eingangsgröße für den nächsten Abschnitt, nämlich ob das Fest ein Erfolg wird. Zur Zeit ist es noch nicht klar, ob es regnen wird oder nicht. (Berechnen läßt sich die Verknüpfung beider Ereignisse nach einem modifizierten Bayes-Theorem; vgl. Gettys et al. 1973, 365.)

41 Die verbleibenden 40 Prozent realisierten zwar, daß etwas zu berücksichtigen ist, sie korrigierten ihre Annahme auch in die richtige Richtung; die Schätzungen waren jedoch sehr fehlerhaft. (Gettys et al 1973, 369 ff)
42 Vgl. dazu: „Das alte Gehirn und die neuen Probleme: Überfordern Umwelt- und Wirtschaftspolitik das Denkvermögen von Wählern und Politikern?" „Der Spiegel", Nr. 50/1981, S. 66–75
43 Eine Ereigniskombination ist dann konjunktiv zusammengesetzt, wenn für das Auftreten des Gesamtereignisses jedes Teilereignis stattgefunden haben muß; solche Ereignisse lassen sich kettenförmig darstellen (z.B. Serienschaltungen). Ein Beispiel wäre die Herstellung eines Autos. Es ist erst dann komplett, wenn alle Einzelteile montiert sind.
Ereigniskombinationen sind disjunktiv, wenn für das Auftreten des Gesamtereignisses mindestens ein Teilereignis stattgefunden haben muß; sie werden meistens trichterförmig dargestellt. Ein Beispiel wären funktionsgleiche technische Systeme, die parallel geschaltet sind, um beim Ausfall eines dieser Systeme die Funktionsfähigkeit eines Gesamtsystems nicht zu gefährden (Einbau von Redundanz).
44 Ein Folgeexperiment, das in einem Spielcasino in Las Vegas durchgeführt wurde, bestätigte das Phänomen: eine Entscheidung wird ins Gegenteil verkehrt, je nachdem welcher Antwortmodus gefordert wird. (vgl. Lichtenstein und Slovic 1973)
45 Beispiel: Für morgen „nebliges und naßkaltes" Wetter vorauszusagen, weil (a) heute das Wetter „neblig und naßkalt" ist, und man zugleich (b) „neblig und naßkalt" (in diesem Fall fälschlicherweise) für essentielle Merkmale des Wetters hält, heißt, die Repräsentativitätsheuristik zu benutzen. (Zum Problem der definitorischen Abgrenzung der „Repräsentativitätsheuristik" vgl. Wallsten 1980, 219 ff).
46 Ein Ausschnitt: „Tom W. is of high intelligence, allthough lacking in true creativity. He has a need for order and clarity, and for neat and tidy systems in which every detail finds its appropriate place. His writing is rather dull and mechanical. (...) He has a strong drive for competence (...)." (Kahneman und Tversky 1973, 238)
47 Die Werte in der Klammer sind einer Graphik (Jarvik 1951, 294) entnommen. Es handelt sich um Schätzwerte.
48 Hier ist z.B. auf eine Studie vom Olson (1976) hinzuweisen, die dokumentiert, daß einfache Änderungen der Aufgabenstellung das Antwortverhalten der Versuchspersonen beeinflussen können. Die Befunde von Kahneman und Tversky werden dadurch aber nicht in Frage gestellt.
49 Anmerkung: Die Annahme von Regressionseffekten ist ohne Einschränkung nur für stationäre Prozesse gültig (vgl. Einhorn und Hogarth 1981, 56 f).
Erläuterung: Messungen nicht-vollständiger Zusammenhänge haben, per definitionem, einen Unsicherheitsfaktor. Der Anteil dieses Faktors ist bei extremen Meßwerten besonders hoch. Jemand, der z.B. in einem IQ-Test einen guten (= hohen) Wert (z.B. „145") erreicht hat, „arbeitet" bei einer Testwiederholung „gegen seinen früheren Glücksfaktor an". Erreicht er beim zweiten Mal den Wert „145" nicht mehr, so kann das bedeuten, daß er zwar die gleiche Leistung erbracht hat, nur ohne die „gleiche Portion Glück". Der Effekt, daß sich extreme Meßwerte bei einer zweiten Messung in Richtung auf den Mittelwert verändern, wird als Regression bezeichnet.
50 Den Versuchspersonen wurde der Unterschied mit folgendem Text erläutert: „(a) Evaluation: How does this description impress you with respect to academic ability? What percentage of descriptions of freshmen do you believe would impress you more? (b) Prediction: What is your estimate of the grade point average that this student will obtain? What is the percentage of freshmen who obtain a higher grade point average? (Kahneman und Tversky 1973, 243) Die erste Frage evaluiert das Material, die zweite bezieht sich auf eine Leistungsprognose.

51 Bei kategoriellen Aussagen wird die Vorhersage auf Nominalskalenniveau vorgenommen (z.b. der Gewinner einer Wahl, die Diagnose eines Patienten oder die zukünftige Beschäftigung einer Person). Bei numerischen Vorhersagen handelt es sich zum Beispiel um den künftigen Wert eines Aktienpakets oder die Durchschnittsnote eines Studenten (Rang-, Intervall- oder Verhältnisskalen).
52 Für eine detaillierte Darstellung der Auswirkungen von (Verkehrs-)Lärm vgl. Schönwandt 1982, 115 ff
53 Der Vorläufer der Studie von Asch ist die Arbeit von M. Sherif (1936). Sherif demonstriert anhand des autokinetischen Effektes folgendes: Wird in einem total abgedunkelten Raum ein feststehender Lichtpunkt gezeigt, so geben die Versuchspersonen trotzdem nach etwa zwei Sekunden an, daß er sich bewege. Gibt man mehreren Versuchspersonen Gelegenheit, über das Ausmaß der Bewegungen zu reden, so nähern sich die Urteile einander an. Sherif hat diesen Konvergenzprozeß als paradigmatisch für den Vorgang der Etablierung sozialer Normen angesehen.
54 „Vielzieligkeit"
55 Die nachfolgende Darstellung der Ergebnisse weicht von der in dieser Art bisher praktizierten Form ab: Schwerpunktmäßig werden nicht Denkfallen oder -fehler herausgearbeitet, sondern die Verhaltensunterschiede zwischen „guten" und „schlechten" Versuchspersonen. Weil der Text außerdem ohnehin eine sehr gedrängte Zusammenfassung von Dörners Ergebnissen ist, wird auf die Formulierung von Resümees verzichtet.
56 Für eine detaillierte Beschreibung der Kriterien für die Leistungsgüte vgl. Dörner et al. 1981, 217 ff; in der nachfolgenden Darstellung werden die Begriffe „gute" bzw. „schlechte" Versuchspersonen der Einfachheit halber ohne Anführungsstriche benutzt.
57 Auf ein Ergebnis der Lohhausen-Studie, das sich auf die Brauchbarkeit von Intelligenztests bezieht, soll noch hingewiesen werden:
„Zur Prognose der Leistungsgüte bei der Bewältigung komplexer Probleme im Lohhausen-Versuch erweisen sich (. . .) Intelligenztests als völlig ungeeignet." (Dörner et al. 1981, 454). Die Autoren begründen dieses Ergebnis mit der Realitätsferne der gängigen Intelligenztests. Dagegen können die Versuchsleiter bereits „in den ersten beiden Versuchssitzungen (. . .) anhand ‚kognitiver Variablen' zwischen erfolgreichen und erfolglosen Problemlösern sicher unterscheiden". (Dörner et al. 1981, 543).
58 Die Zusammenhänge sind de facto erheblich komplizierter als hier beschrieben: Annahmen, Theorien sind – letzten Endes – weder „wahr", noch können sie – ebenfalls in letzter Konsequenz – (z.B. durch sogenannte „hard facts") als „unwahr" widerlegt werden. Diese harten Tatsachen sind nämlich ihrerseits theorie- bzw. kognitionsabhängig gewonnen und damit letzten Endes auch nicht als „wahr" zu bezeichnen (vgl. dazu z.B. Feyerabend 1970 b).
Eine Theorie ist – im Sinne des sogenannten (Theorien-)Pluralismus (vgl. Groeben und Westmeyer, 1975, 190 ff) – erst dann falsifiziert, wenn ihr eine neue Theorie gegenübertritt, die über die Kapazität verfügt, nicht den Wissensstand der alten, sondern auch die ihr widersprechenden „harten Tatsachen" zu integrieren.
Daraus ergibt sich: Wenn die Falsifikation von Theorien selber Theorienform hat, dann ist die Überprüfung von Theorien offensichtlich ein unabschließbarer Vorgang. Die Ersetzung einer alten Theorie durch eine neue ist bereits wieder ein Appell, eine noch bessere und „faktenreichere" Theorie zu entwerfen, weil anders die gerade akzeptierte Theorie nicht überprüfbar ist.
Für die Themenstellung dieser Arbeit genügt es, sich zu vergegenwärtigen, daß dieser Prozeß durch widersprechende und nicht durch bestätigende Fakten in Gang gehalten wird.

59 Am Konzept der Kontrolle läßt sich der in der bisherigen Forschung weitgehend vernachlässigte Bereich der Wechselwirkung von kognitiven, emotionalen und motivationalen Komponenten explizieren.
Die meisten der täglich zu lösenden Probleme sind nicht unter voller Kontrolle des Individuums. Die Kontrolle über eine Situation zu verlieren oder wiederzugewinnen, geht nicht ohne Emotionen vonstatten. Die Kontrolle wiederzuerlangen, ist begleitet von Gefühlen der Freude, des Triumphes. Sie zu verlieren, bedeutet Ärger, Wut, Gefühle der Ohnmacht oder Resignation.
Von daher ist es klar, daß das Denken je nach Situation mehr oder weniger von Emotionen begleitet wird, und zwar dergestalt, daß sich die Prozesse interaktiv beeinflussen.
60 Für eine ausführliche Diskussion zum Thema Attribution vgl. Heider (1944), Jones und Davis (1965), Jones et al. (1972), Kelley (1973)
61 Verwandte Begriffe aus der sozialpsychologischen Literatur sind „egocentric attribution" (Heider 1958) oder „attributive projection" (Holmes 1968).
62 Zu den Verhaltensunterschieden von erfolgs- bzw. mißerfolgsmotivierten Versuchspersonen vgl. z.B. Heckhausen (1974b, 173 ff)
63 Vgl. zum Beispiel Bartlett (1932); Bower (1976); Bransford, Barclay und Franks (1972); Loftus (1975); Spiro (1976)
64 Fischhoff beschreibt diesen Effekt als „creeping determinism" – „in contrast with philosophical determinism, which is the conscious belief that whatever happens has to happen". (1975, 288)
Hogarth (1980) („hindsight bias") kennzeichnet damit das Phänomen, daß Versuchspersonen nicht überrascht über Ereignisse in der Vergangenheit sind, sondern leicht plausible Erklärungen finden.
Andere Termini sind: „cognitive conceit" (Dawes 1976); „knew-it-all-along"-Effekt (Fischhoff 1977), wobei letzterer die Reaktion von Versuchspersonen bezeichnet, die, wenn ihnen die Antwort auf eine Frage genannt wird, meist der Meinung sind, diese längst gewußt zu haben.
65 Die Unterscheidung zwischen Kurz- und Langzeitgedächtnis ist eine der elementarsten aller zur Zeit diskutierten Differenzierungen; für den hier beschriebenen Kontext allerdings vorläufig ausreichend. De facto sind die (schon heute bekannten bzw. akzeptierten) Zusammenhänge wesentlich komplizierter (vgl. dazu einführend z.B. Foppa 1970 und Wender, Colonius und Schulze 1980)
66 Es gehört zu den in der Gehirnforschung allgemein akzeptierten Annahmen, daß „die Gehirnfunktionen spezielle Lokalisierungen haben" (Lindsay und Norman 1981, 336); und zwar über die Teilung des Gehirns in zwei Hemisphären hinaus. (Vgl. dazu einführend Lindsay und Norman 1981, 335 ff; sowie Diamond 1979, Pucetti 1981, oder Bradshaw und Nettleton 1981)
Das zeigt sich unter anderem daran, daß Verletzungen an unterschiedlichen Stellen auch zu verschiedenartigen Defiziten führen. Es gibt spezifische Sprachstörungen (Aphasien) und Gedächtnisstörungen (Amnesien), die in Verbindung mit bestimmten Verletzungsgebieten auftreten.
In diesem Kontext wird der rechten Hirnhälfte zugeschrieben, Informationen summarisch bzw. parallel zu verarbeiten, wohingegen die linke Gehirnhälfte, so wird vermutet, eher seriell arbeitet.
„... our brain is really a number of brains in one, each organized somewhat differently. The major distinction on which we have evidence, in addition to that between automatic and effortful processes (...), is between verbal and nonverbal processes. It seems that the left half of the brain, which controls the right side of the body, represents the world in an abstract, an-

alytic, verbal manner; while the right half of the brain, which controls the left side of the body, represents the world in a concrete, global, spatial manner (...). Words are processed more rapidly when presented to the right ear or the right side of the visual field, both of which go directly to the left hemisphre. Nonverbal sounds, such as melodies, are processed more rapidly when presented to the left ear, and pictures are processed more rapidly when presented to the left visual field, both of which go directly to the right hemisphere (...). Not only does the material processed in the two hemispheres differ, but the mode of processing also appears to be different. The verbal hemisphere tends to process information serially, and the nonverbal hemisphere, in parallel (Cohen, 1973); verbal images seem to be specialized for handling order information, and nonverbal images, spatial information (Paivio, 1971)." Anderson (1980, 131 ff) Die Kenntnis der Zusammenhänge ist aber noch sehr lückenhaft bzw. verleitet einige Autoren dazu, sich spekulierend relativ weit vorzuwagen; so nimmt zum Beispiel Pucetti (1973) an, daß es in einem Gehirn mehrere verschiedene „Bewußtseine" gäbe.

67 Die sequentielle Verarbeitung von Informationen bezieht sich nicht auf die Unterscheidung zwischen Kurz- und Langzeitgedächtnis. Das zeigt sich zum Beispiel daran, daß Strukturen des Langzeitgedächtnisses in der Lage sind, (Wahrnehmungs-)Gruppierungen – „chunks" (Miller 1956) – des Kurzzeitgedächtnisses direkt und unmittelbar zu beeinflussen (vgl. Flechtner 1979, 181 f).

68 Auf weitere Grundmuster weisen andere (hier nicht referierte) Untersuchungen hin (z.B. Ronen 1973). Es dürfte beispielsweise sinnvoll gewesen sein, das Ausmaß des mit einer Entscheidung eingegangenen Risikos nicht völlig unabhängig von den eigenen Kraftreserven (Müdigkeit) zu fällen, etwa in dem Sinne, riskantere Unternehmungen nicht auf einen Zeitpunkt zu verschieben, zu dem die eigenen Kräfte verbraucht sein oder zumindest nachgelassen haben werden.
In ähnliche Richtung weisen auch die Untersuchungen von Kahneman und Tversky (1982), die aufzeigen, daß aus einer Verlustsituation heraus gewöhnlich riskanter entschieden wird als aus Gewinnsituationen.
Wie das folgende Zitat zeigt, wurde übrigens schon vor dem 20. Jahrhundert eine Beziehung zwischen kognitiven Grundmustern und Risikoentscheidungen vermutet:
„Wenn man aber bedenkt, daß man immer viel mehr geneigt und veranlaßt ist, die Stärke seines Gegners zu hoch, als sie zu gering zu schätzen, weil es so in der menschlichen Natur ist ..." (v. Clausweitz 1832–1834/1937, 27 f).

69 Es ist im Rahmen dieser Arbeit nicht möglich, auch nur ansatzweise auf die Unmenge der Forschungsergebnisse zum Thema Gedächtnis einzugehen; vgl. dazu einführend Foppa (1970) oder Flechtner (1979). Überblicksartikel dazu stammen von Wickelgren (1981), Greenwald (1981) oder Peterson (1977).

70 So dürften zum Beispiel einige der derzeit aktuellen Probleme noch vor wenigen Jahren von den meisten Beteiligten, im Vertrauen auf die Regenerationsfähigkeit der Umwelt, für vernachlässigbar gehalten worden sein – falls man überhaupt daran gedacht hat.

71 An diesem Problemkomplex läßt sich zeigen, daß das Thema dieser Untersuchung insgesamt noch erhebliche Forschungslücken aufweist. Die Frage beispielsweise, wie Aufgabenstellungen unterschiedlicher Abstraktionsniveaus bearbeitet werden, wird zur Zeit noch uneinheitlich beantwortet. Erhöhte Fehlerquoten bei abstraktem Material finden sich zum Beispiel bei Johnson-Laird und Wason (1977; vgl. auch Johnson-Laird, Legrenzi und Sonino-Legrenzi 1972); erhöhte Fehlerquoten bei konkretem Material dagegen zum Beispiel bei Tversky und Kahneman (1982).

72 In diesen Kontext gehören die Untersuchungen zum Thema Hemmung im Rahmen der Lerntheorien (vgl. Foppa 1970), bzw. „blocking" (Lubow, Weiner und Schnur 1981, 37 ff).

73 Der Begriff „Hydraulik-Modell" ist für Ingenieure etwas irreführend. Was hier zugrunde liegt, ist die Analogie einer Bremsanlage ohne Bremskraftverstärker. Man sollte es vielleicht Zahnpastatuben-Modell nennen: Die Menge der Paste, die aus der Tube herauskommt, entspricht dem Druck, der auf die Tube ausgeübt wird.

74 Die (Zahlen-)Werte werden hier im Sinne der Studie von Jennings, Amabile und Ross 1982 (siehe Kapitel 6, S. 50 f) verwendet.

75 Dieses Ergebnis veranlaßt Riedl zu folgender Anmerkung: „Man lasse sich nicht durch die anscheinende Trivialität solcher Experimente täuschen, denn unser erster Eindruck, daß dies ‚ja ohnehin klar sei', zeigt ja gerade, wie tief die Erwartung bestimmter Wahrscheinlichkeiten in unserem Denkapparat verankert ist. Diese Erwartungen sind deshalb aber keineswegs selbstverständlich." (Riedl 1980, 198)

76 „The kind of attitude which this task demands ... consists in a willingness to attempt to falsify hypotheses, and thus to test those intuitive ideas which so often carry the *feeling of certitude*". (Wason 1960, 139; Unterstr. v. Verf.)

77 Mit dem Namen von Tages- oder Wochenzeitungen gekennzeichnete Quellenangaben sind, wegen der im Literaturverzeichnis benutzten Gliederung nicht dort, sondern nur im Text aufgeführt.

78 Daß mit „Beplanten" nicht nur Menschen gemeint sein müssen, zeigt der Fall eines Karlsruher Architekten, dessen Entwurf eines Hallenbades eine hochziehbare Außenwandkonstruktion vorsah, um – vor allem im Sommer – die Vorteile eines Hallenbads mit denen eines Freibads kombinieren zu können. Dabei wurde nicht bedacht, was die in der Rheinebene sehr zahlreich vorhandenen Steckmücken tun, wenn man ihnen abends feuchte Luft, intensive Beleuchtung und im wesentlichen von Textilien befreite Körper anbietet: sie stechen!

79 Das ist u.a. aus zwei Gründen plausibel: Zum einen ist das Erinnern kein Kopierprozeß (s.o.), zum anderen dürfte non-verbales Verhalten mehr ratiomorph beeinflußt sein als Reden, das den bewußt arbeitenden Teilen des Denkapparats zuzuordnen ist.

80 Daß der menschliche Denkapparat erhebliche Probleme beim Auseinanderhalten von Konzeptionellem und Empirischem hat, zeigt sich daran, wie schwer es fällt sich vorzustellen, wie Theorien zu Dingen werden („Verdinglichungstendenz"), bzw. wie Dinge zu Theorien führen. Die Frage, wo bei dem Unternehmen der Anfang, was das Primäre sei – Theorien oder Dinge –, ist ein Indiz für diese „Denkschwierigkeit".
So mancher „Ismen"-Streit läßt sich zumindest zum Teil auf dieses Problem zurückführen: Subjekt versus Objekt, Idee versus Realität, Idealismus versus Materialismus, Rationalismus versus Empirismus, und nicht zuletzt die heutige Teilung der Welt in Machtblöcke.
Zur Illustration dieser Vorstellungsgrenze – nicht um zu behaupten, bei der Verdinglichungstendenz handele es sich um einen Teil eines Kreisprozeßes – mag die Frage dienen, wo denn der Wasserkreislauf anfängt: Regenwasser fließt in Bäche, in Flüsse, ins Meer, das Wasser verdunstet, steigt auf, kondensiert zu Wolken, diese treiben über Land, regnen ab, das Regenwasser fließt in Bäche etc. Auch hier fällt es schwer, sich einen Anfang vorzustellen.

Literaturverzeichnis

Adler, A. 1930: Individual psychology; in: Murchinson, C. (Ed.): Psychologies of 1930; Worcester, Mass.: Clark University Press
Adorno, T.; Frenkel-Brunswik, E.; Levinson, D.; Sanford, N. 1950: The authoritarian personality; New York: Harper
Aebli, H. 1980: Denken: das Ordnen des Tuns, Bd. 1, Kognitive Aspekte der Handlungstheorie; Stuttgart: Klett Cotta
Aebli, H. 1981: Denken: das Ordnen des Tuns, Bd. 2, Denkprozesse; Stuttgart: Klett Cotta
Anderson, B.F. 1980: The complete thinker; Englewood-Cliffs: Prentice-Hall
Arkin, R.; Duval, S. 1975: Focus of attention and causal attributions of actors and observers; in: Journal of Experimental Social Psychology, 1975, 11, 427–438
Armstrong, D.M. 1983: Recent work on the relation of mind and brain; in: Floistad, G. (Hrsg.) 1983: Contempory philosophy; A new Survey, Vol. 4, Philosophy of mind, S. 45–79; The Hague: Martinus Nijhoff
Asch, S.E. 1951: Effects of group pressure on the modification and distortion of judgments; in: Geutzkow, H. (Ed.) 1951: Groups, leadership and men; Pittsburgh: Carnegie Institute of Technology Press
Asch, S.E. 1955: Opinions and social pressure; in: Scientific American, Vol. 193, No. 5, S. 31–35
Atkinson, J.W. 1957: Motivational determinants of risktaking behavior; in: Psychological Review, 1957, 64, 359–373
Bar-Hillel, M. 1973: On the subjective probability of compound events; in: Organizational Behavior and Human Performance, 1973, 9, 396–406
Bar-Hillel, M. 1980: The base-rate fallacy in probability judgments; in: Acta Psychologica, 1980, 44, 211–233
Bartlett, F.C. 1932: Remembering: A study in experimental and social psychology; Cambridge, England: Cambridge University Press
Barz, M.; Uttendorfer-Marek, J.; Maier-Strömer, S.; Wagner, A.C.; Weidle, R. 1981: Denkknoten; in: Psychologie Heute, 1981, Nr. 5, S. 62–68
Bem, D.J.; Allen, A. 1974: On predicting some of the people some of the time: The search for cross-situational consistencies in behavior; in: Psychological Review, 1974, 81, 506–520
Bem, D.J.; Funder, D.C. 1978: Predicting more of the people more of the time: Assessing the personality of situations; in: Psychological Review, Vol. 85, No. 6, 485–501
Bericht der Studienreformkommission Architektur/Raumplanung/Bauingenieurwesen zur ersten Stufe der Studienreformarbeit 1981; Bd. 6 der „Veröffentlichungen zur Studienreform"; Sekretariat der Kultusministerkonferenz, Bonn
Beyth-Marom, R.; Fischhoff, B. 1977: Direct measures of availability and judgments of category frequency; in: Bulletin of the Psychonomic Society, 1977, 9, 236–238
Bohm, D. 1965: The special theory of relativity; New York, Amsterdam: Benjamin.
Böhret, C. 1975: Grundriß der Planungspraxis; Opladen: Westdeutscher Verlag
deBono, E. 1972: Laterales Denken für Führungskräfte; Hamburg: Rowohlt
deBono, E. 1973: Informationsverarbeitung und neue Ideen – Laterales und vertikales Denken; in: Ulmann, G. (Hrsg.) 1973: Kreativitätsforschung; Köln: Kiepenheuer & Witsch, S. 322–334
deBono, E. 1978: Opportunities; London: Associated Business Programmes

Borgida, E.; Nisbett, R.E. 1977: The differential impact of abstract vs. concrete information on decisions; in: Journal of Applied Social Psychology, 1977, 7, 258–271
Bower, G. 1976: Experiments on story understanding and recall; in: Quarterly Journal of Experimental Psychology, 1976, 28, 511–534
Bradshaw, J.L.; Nettleton, N.C. 1981: The nature of hemispheric specialization in man; in: The Behavioral and Brain Sciences, 1981, 4, 51–91
Bransford, J.D.; Barclay, J.R.; Franks, J.J. 1972: Sentence memory: A constructive versus interpretive approach; in: Cognitive Psychology, 1972, 3, 193–209
Bredenkamp, J. 1969: Experiment und Feldexperiment; in: Graumann, C.F. (Hrsg.) 1969: Handbuch der Psychologie, Bd. 7: Sozialpsychologie; 1. Halbband: Theorien und Methoden, S. 332–374; Göttingen: Hogrefe
Brehmer, B. 1976: Social judgment theory and the analysis of interpersonal conflict; in: Psychological Bulletin, 1976, 83, 985–1003
Broadbent, D.E. 1975: The magic number seven after fifteen years; in: Kennedy; Wickes (Eds.) 1975: Studies in long term memory, S. 3–18; Washington: Wiley
Bruner, J.S.; Postman, L.J. 1949/50: On the perception of incongruity: A paradigm; in: Journal of Personality, 1949/50, 18, S. 206–223
Brunswik, E. 1955: „Ratiomorphic" models of perception and thinking; in: Acta Psychologica, 1955, 11, S. 108–109
Buckhout, R. 1974: Eyewitness testimony, in: Scientific American, 1974, 231, S. 23–31
Budnick, G.; Pühl, U.; Rittel, H.W.J. 1981: Perspektiven ländlicher Entwicklungspolitik; Institut für Grundlagen der Planung i.A., Universität Stuttgart, A-81-1
Bungard, W. (Hrsg.) 1980: Die „gute" Versuchsperson denkt nicht: Artefakten in der Sozialpsychologie; München: Urban & Schwarzenberg
Bunge, M. 1967: Scientific Research I, The Search for Systems; Berlin, Heidelberg, New York: Springer
Bunge, M. 1974: Treatise on basic philosophy; Vol. 1: Semantics I: Sense and references; Dordrecht: Reidel
Bunge, M. 1977: Treatise on basic philosophy; Vol. 3: Ontology I: The furniture of the world; Dordrecht: Reidel
Bunge, M. 1980: The mind-body problem. A psychobiological approach; Oxford: Pergamon Press
Bunge, M. 1981: Scientific materialism; Dordrecht: Reidel
Campbell, D.T. 1974: Evolutionary epistemology; in: Schilpp, P. (Ed.) 1974: The library of living philosophers; Vol. 14 I. und II.: The philosophy of Karl Popper, Vol. I: 413–463; Lasalle: Open Court
Campbell, D.T.; Stanley, J.C. 1970: Experimentelle und quasi-experimentelle Anordnungen in der Unterrichtsforschung; (deutsch), in: Ingenkamp, K. (Hrsg.) 1970: Handbuch der Unterrichtsforschung, Teil I, S. 449–631; Weinheim: Beltz
von Campenhausen, Ch. 1981: Die Sinne des Menschen, Band I: Einführung in die Psychophysik der Wahrnehmung; Stuttgart: Thieme
Chapman, L.J. 1967: Illusory correlation in observational report; in: Journal of Verbal Learning and Verbal Behavior, 1967, 6, S. 151–155
Chapman, L.J.; Chapman, J.P. 1969: Illusory correlation as an obstacle to the use of valid psychodiagnostic signs; in: Journal of Abnormal Psychology, 1969, 74, S. 271–280
deCharms, R. 1968: Personal causation; New York: Academic Press
von Clausewitz, C. 1832–34/1937: Vom Kriege; Berlin: Vier Falken Verlag
Cohen, G. 1973: Hemispheric differences in serial vs. parallel processing; in: Journal of Experimental Psychology, 97, 1973, pp. 349–356

Dawes, R.M. 1976: Shallow psychology; in: Carroll, J.S.; Payne, J.W. (Eds.) 1976: Cognition and social behavior; Hillsdale, N.J.: Erlbaum

Dearborn, D.C.; Simon, H.A. 1958: Selective perception: A note on the departmental identification of executives; in: Sociometry, 1958, 21, S. 140–144

Der Spiegel 1981: Das alte Gehirn und die neuen Probleme: Überfordern Umwelt- und Wirtschaftspolitik das Denkvermögen von Wählern und Politikern?; Nr. 50/1981, S. 66–75

Deutscher, J. 1973: What we say / what we do; Glenview, Illinois: Scott, Foresman and Company

Dickson, G.W.; Senn, J.A.; Chervany, N.L. 1977: Research in management information systems: The Minnesota experiments; in: Management Science, 1977, 23, S. 913–923

Dimond, St.J. 1979: Symmetry and asymmetry in the vertebrate brain; in: Oakley, D.A.; Plotkin, H.C. (Eds.) 1979: Brain, Behavior and Evolution; S. 189–218; London: Methuen

Dörner, D. 1976: Problemlösen als Informationsverarbeitung; Stuttgart: Kohlhammer

Dörner, D.; Kreuzig, H.W.; Reither, F.; Stäudel, Th. 1981: Lohhausen: Vom Umgang mit Unbestimmtheit und Komplexität; Bamberg: Lehrstuhl Psychologie II

Dunker, K. 1974 (erste Auflage 1935): Zur Psychologie des produktiven Denkens; Heidelberg, New York: Springer

Ebbinghaus, H. 1975: Über das Gedächtnis (Duncker & Humblot, Leipzig 1855); in: Foppa, K.: Lernen, Gedächtnis, Verhalten; Köln: Kiepenheuer & Witsch

Edey, M. 1973: Vom Menschenaffen zum Menschen; in: Die Freiheit des Menschen; Nederland, B.V.: Time-Life

Ehrenfels, Ch. v. 1890: in: Vierteljahresschrift für wissenschaftliche Philosophie, XIX, 3, 1890, Nachdruck in: Weinhandl, F. (Hrsg.) 1974: Gestalthaftes Sehen; Darmstadt: WBG, S. 11–43

Einhorn, H.J. 1971: Use of nonlinear, noncompensatory models as a function of task and amount of information; in: Organizational Behavior and Human Performance, 1971, 6, S. 1–27

Einhorn, H.J. 1972: Expert measurement and mechanical combination; in: Organizational Behavior and Human Performance, 1972, 7, S. 86–106

Einhorn, H.J. 1982: Learning from experience and suboptimal rules in decision making; in: Kahneman D.; Slovic, P.; Tversky, A. (Eds.) 1982: Judgment under uncertainty: Heuristics and biases, Kap. 19, S. 268–283; Cambridge: University Press

Einhorn, H.J.; Hogarth, R.M. 1978: Confidence in judgment: Persistence of the illusion of validity; in: Psychological Review, 1978, 85, S. 395–476

Einhorn, H.J.; Hogarth, R.M. 1981: Behavioral Decision Theory: Processes of Judgment and Choice; in: Ann. Rev. Psychol., 1981, 32, S. 53–88

Elias, N. 1969: Über den Prozess der Zivilisation (2 Bände); Bern, München: Francke

Estes, W.K. 1976: The cognitive side of probability Learning; in: Psychological Review, 1976, 83, S. 37–64

Faludi, A. (Ed.) 1973: A Reader in Planning Theory; Oxford: Pergamon Press

Feigl, H. 1958: The ‚mental' and the ‚physical'; in: Feigl, H.; Scriven, M.; Maxwell, G. (Eds.) 1958: Minnesota Studies in the Philosophy of Science, Vol. II, pp. 370–497; Minneapolis: University of Minnesota Press

Festinger, L. 1957: A theory of cognitive dissonance; Stanford, Calif.: Stanford University Press

Feyerabend, P.K. 1970 (a): Wie wird man ein braver Empirist; in: Krüger, L. (Hrsg.): Erkenntnisprobleme der Naturwissenschaften, S. 303–335; Köln, Berlin: Kiepenheuer & Witsch

Feyerabend, P.K. 1970 (b): Against method, outline of an anarchistic theory of knowledge; in: MSPS, 4, S. 17–130

Fischhoff, B. 1975: Hindsight ≠ foresight: The effect of outcome knowledge on judgment under uncertainty; in: Journal of Experimental Psychology: Human Perception and Performance, 1975, 1, S. 288–299

Fischhoff, B. 1977: Perceived informativeness of facts; in: Journal of Experimental Psychology: Human Perception and Performance, 1977, 3, S. 349–358

Fischhoff, B. 1982: Debiasing; in: Kahneman, D.; Slovic, P.; Tversky, A. (Eds.) 1982): Judgment under uncertainty: Heuristics and biases, Kap. 31, S. 422–444; Cambridge: University Press

Fischhoff, B.; Beyth, R. 1975: „I knew it would happen" – Remembered probabilities of once-future things; in: Organizational Behavior and Human Performance, 1975, 13, S. 1–16

Fischhoff, B.; Slovic, P.; Lichtenstein, S. 1977: Knowing with certainty: The appropriateness of extreme confidence; in: Journal of Experimental Psychology: Human Perception and Performance, 1977, 3, S. 552–564

Fischhoff, B.; Slovic, P.; Lichtenstein, S. 1978: Fault trees: Sensitivity of estimated failure probabilities to problem representation; in: Journal of Experimental Psychology: Human Perception and Performance, 1978, 4, S. 330–344

Fischhoff, B.; Slovic, P.; Lichtenstein, S. 1979: Subjective sensitivity analysis; in: Organizational Behavior and Human Performance, 1979, 23, S. 339–359

Fitch, G. 1970: Effects of self-esteem, perceived performance, and choice on causal attributions; in: Journal of Personality and Social Psychology, 1970, 16, S. 311–315

Flechtner, H.-J. 1979: Das Gedächtnis. Ein neues psychophysisches Konzept; Stuttgart: Hirzel

Foppa, K. 1970: Lernen, Gedächtnis, Verhalten (6. Auflage); Köln: Kiepenheuer & Witsch

Gäfgen, G. 1968: Theorie der wirtschaftlichen Entscheidung; Tübingen: Mohr

Gergen, K.J. 1973: Social psychology as history; in: Journal of Personality and Social Psychology, 1973, Vol. 26, No. 2, S. 309–320

Geschka, H.; von Reibnitz, U. o.J.: Vademecum der Ideenfindung; Frankfurt: Battelle-Institut

Gettys, C.F.; Kelly, C.W. III; Peterson, C.R. 1973: The best guess hypothesis in multistage inference; in: Organizational Behavior and Human Performance, 1973, 10, S. 364–373

Ginzburg, C. 1980: Spurensicherung. Der Jäger entziffert die Fährte, Sherlock Holmes nimmt die Lupe, Freud liest Morelli (Schluß); in: Freibeuter, 4, 1980, S. 11–36

Godet, M. 1983: Reducing the Blunders in Forecasting; in: Futures, 15, 1983, S. 181–192

Golding, S.L.; Rorer, L.G. 1972: Illusory correlation and subjective judgment; in: Journal of Abnormal Psychology, 1972, 80, S. 249–260

Goldman, A.J. 1978: Epistemics: The regulative theory of cognition; in: The Journal of Philosophy, Vol. 75, No. 10, Okt. 1978, S. 509–524

Gould, P.; White, R. 1974: Mental Maps; Harmandsworth: Penguin Books

Graumann, C.F. (Hrsg.) 1965: Denken; Köln, Berlin: Kiepenheuer & Witsch

Graumann, C.F. 1966: Nicht-sinnliche Bedingungen des Wahrnehmens; in: Metzger, W. 1966: Handbuch der Psychologie: (1. Band), Allgemeine Psychologie, I Der Aufbau des Erkennens; 1. Halbband: Wahrnehmung und Bewußtsein, S. 1031–1096; Göttingen: Hogrefe

Graumann, C.F. 1972: Denken (Vorlesungsscript); Psychologisches Institut der Universität Heidelberg

Graumann, C.F. 1975: Person und Situation; in: Lehr, U.; Weinert, F.E. 1975: Entwicklung und Persönlichkeit, S. 15–24; Stuttgart: Kohlhammer

Greenwald, A.G. 1981: Self and memory; in: Bower, G.H. (Ed.) 1981: The Psychology of Learning and Motivation, Vol. 15, S. 202–236; New York: Academic Press

Grether, D.M.; Plott, C.R. 1979: Economic theory of choice and the preference reversal phenomenon; in: American Economic Review, 1979, 69, S. 623–638

Groeben, N.; Westmeyer, H. 1975: Kriterien psychologischer Forschung; München: Juventa

Grosser, E. 1982: Konflikte des Bewässerungslandwirts gegenüber Kapital, Administration und Technik; Redemanuskript: Symposium „Mensch und Technik in der Bewässerung", 24.–25. Februar 1982 in Bensheim/Bergstr.

Hajos, A. 1977: Wahrnehmung; in: Herrmann, Th. et al (Hrsg.) 1977: Handbuch psychologischer Grundbegriffe, S. 528–540; München: Kösel
Hall, P. 1980: Great Planning Disasters; Harmondsworth: Penguin Books
Harris, R.J. 1973: Answering questions containing marked and unmarked adjectives and adverbs; in: Journal of Experimental Psychology, 1973, 97, S. 399–401
Harrison, P.J.; Stevens, C.F. 1976: Bayesian Forecasting; in: Journal of the Royal Statistical Society, 1976, B 38, S. 205–247
Hartshorne, H.; May, M.A. 1928: Studies in the nature of character (Vol. 1), Studies in deceit; New York: Macmillan
Heckhausen, H. 1974 (a): Motive und ihre Entstehung; in: Weinert, F.E. u.a. (Hrsg.) 1974: Funkkolleg Pädagogische Psychologie, Bd. 1, S. 133–171; Frankfurt: Fischer
Heckhausen, H. 1974 (b): Einflußfaktoren der Motiventwicklung; in: Weinert, F.E. u.a. (Hrsg.) 1974): Pädagogische Psychologie, Kap. 4, S. 173–209; Frankfurt: Fischer
Heckhausen, H. 1974 (c): Anlage und Umwelt als Ursache für Intelligenzunterschiede; in: Weinert, F.E. u.a. (Hrsg.) 1974: Pädagogische Psychologie, Kapitel 7, S. 275–312; Frankfurt: Fischer
Heidemann, C. 1981: Die Nutzwertanalyse. Ein Beispiel für Magien und Mythen in der Entscheidungsdogmatik; in: Eekhoff, J.; Heidemann, C.; Strassert, G. 1981: Kritik der Nutzwertanalyse; Karlsruhe: Institut für Regionalwissenschaft, Diskussionspapier Nr. 11
Heider, F. 1944: Social perception and phenomenal causality; in: Psychological Review, 1944, 51, S. 358–373
Heider, F. 1958: The psychology of interpersonal relations; New York: Wiley
Hendrick, I. 1943: The discussion of the „Instinct to Master"; in: Psychoanalytic Quarterly, 1943, 12, S. 561–565
Hogarth, R.M. 1975: Cognitive processes and the assessment of subjective probability distributions; in: Journal of the American Statistical Association, 1975, 70, S. 271–289
Hogarth, R.M. 1980: Judgment and choice; New York: John Wiley & Sons
Holmes, D.S. 1968: Dimensions of projection; in: Psychological Bulletin, 1968, 69, S. 248–268
Holst, E. von 1969: Zur Verhaltensphysiologie bei Tier und Mensch (Gesammelte Abhandlungen); München: Pieper
Hooker, E. 1958: Male homosexuality in the Rorschach; in: Journal of Projective Techniques, 1958, 22, S. 33–54
Hoyos, C. Graf 1974: Arbeitspsychologie; Stuttgart: Kohlhammer
Hume, D. 1748 (1964): Eine Untersuchung über den menschlichen Verstand; Hamburg: Felix Meiner
Irle, M. 1975: Handbuch der Sozialpsychologie; Göttingen: Hogrefe
Jantsch, E. (Ed.) 1969: Perspectives of Planning. Proceedings of the OECD Working Symposium on Long-Range Forecasting and Planning, Bellagio (Italy), 27.10.–2.11.1968; Paris: OECD Publications
Jarvik, M.E. 1946: Probability Discrimination and the Gambler's Fallacy in Guessing; in: American Psychologist, 1946, 1, S. 453–454
Jarvik, M.E. 1951: Probability learning and a negative recency effect in the serial anticipation of alternative symbols; in: Journal of Experimental Psychology, 1951, 41, S. 291–297
Jenkins, H.M.; Ward, W.C. 1965: Judgment of contingency between responses and outcomes; in: Psychological Monographs: General and Applied, 1965, 79, S. 1–17
Jennings, D.L.; Amabile, T.A.; Ross, L. 1982: Informal covariation assessment: Data-based versus theory-based judgments; in: Kahneman, D.; Slovic, P.; Tversky, A. (Eds.) 1982: Judgment under uncertainty: Heuristics and biases, S. 211–230; Cambridge: Cambridge University Press

Johnson-Laird, P.N.; Legrenzi, P.; Sonino-Legrenzi, M. 1972: Reasoning and a sense of reality; in: British Journal of Psychology, 1972, 63, S. 395–400

Johnson-Laird, P.N.; Wason, P.C. 1977: A theoretical analysis of insight into a reasoning task; in: Johnson-Laird, P.N.; Wason, P.C. (Eds.) 1977: Thinking; Cambridge: Cambridge University Press

Jones, E.E. 1976: How do people perceive the causes of behavior?; in: American Scientist, 1976, 64, S. 300–305

Jones, E.E.; Davis, K.E. 1965: From acts to dispositions: The attribution process in person perception; in: Berkowitz, L. (Ed.) 1965: Advances in Experimental Social Psychology, Vol. 2; New York: Academic Press

Jones, E.E.; Kanouse, D.E.; Kelley, H.H.; Nisbett, R.E.; Valins, St.; Weiner, B. 1972: Attribution: Perceiving the causes of behavior; Morristown: General Learning Press

Jones, E.E.; Nisbett, R.E. 1972: The actor and the observer: Divergent perceptions of the causes of behavior; in: Jones, E.E. et al (Eds.) 1972: Attribution: Perceiving the causes of behavior, S. 79–94; Morristown: General Learning Press

Kahneman, D.; Tversky, A. 1972: Subjective probability: A judgment of representativeness; in: Cognitive Psychology, 1972, 3, S. 430–454

Kahneman, D.; Tversky, A. 1973: On the psychology of prediction; in: Psychological Review, 1973, 80, S. 237–251

Kahneman, D.; Tversky, A. 1982: Risiko nach Maß – Psychologie der Entscheidungspräferenzen; in: Spektrum der Wissenschaft, März 1982, S. 89–98

Kahneman, D.; Slovic, P.; Tversky, A. (Eds.) 1982: Judgment under uncertainty: Heuristics and biases; Cambridge: Cambridge University Press

Kaira, Ch. 1983: Der Transportbedarf der ländlichen Bevölkerung in Entwicklungsländern; Institut für Regionalwissenschaft der Universität Karlsruhe (Hrsg.); Schriftenreihe Heft Nr. 21 (d)

Kanouse, D.E. 1972: Language, labeling, and attribution; in: Jones, E.E. et al (Eds.) 1972: Attribution: Perceiving the Causes of Behavior; Morristown: General Learning Press

Kelley, H.H. 1972: Attribution in social interaction; in: Jones, E.E. et al (Eds.) 1972: Attribution: Perceiving the Causes of Behavior; Morristown: General Learning Press

Kelley, H.H. 1973: The process of causal attribution; in: American Psychologist, 1973, 28, S. 107–128

Knafl, K.; Burkett, G. 1975: Professional socialization in a surgical speciality: Acquiring medical judgment; in: Social Science of Medicine, 1975, 9, S. 397–404

Kraus, M.G. 1974: Wohnwunsch und Wohnzufriedenheit. Zur Planungsrelevanz empirisch-soziologischer Daten; Dissertation am Fachbereich für Bauplanung und -fertigung der TU Berlin

Kuhn, Th. 1967: Die Struktur wissenschaftlicher Revolutionen; Frankfurt: Suhrkamp

Küpfmüller, K. 1962: Nachrichtenverarbeitung im Menschen; in: Steinbruch, K. 1962: Taschenbuch der Nachrichtenverarbeitung; Berlin: Springer; S. 1481–1501

Langer, E.J. 1975: The illusion of control; in: Journal of Personality and Social Psychology, 1975, 32, S. 311–328

Langer, E.J. 1977: The psychology of chance; in: Journal for the Theory of Social Behaviour, 1977, 7, S. 185–207

Langer, E.J.; Roth, J. 1975: The effect of sequence of outcomes in a chance task on the illusion of control; in: Journal of Personality and Social Psychology, 1975, 32, S. 951–955

Laudan, L. 1977: Progress and its problems; London: Routledge & Kegan

Lewin, K. 1969: Grundzüge der topologischen Psychologie; Bern, Stuttgart: Huber

Lichtenstein, S.; Fischhoff, B.; Philipps, L.D. 1982: Calibration of probabilities: The state of the art to 1980; in: Kahneman, D.; Slovic, P.; Tversky, A. (Eds.) 1982: Judgment under uncertainty: Heuristics and biases, Kap. 22, S. 306–334; Cambridge: University Press

Lichtenstein, S.; Slovic, P. 1971: Reversals of preference between bids and choices in gambling decisions; in: Journal of Experimental Psychology, 1971, 89, S. 46–55

Lichtenstein, S.; Slovic, P. 1973: Response-induced reversals of preference in gambling: An extended replication in Las Vegas; in: Journal of Experimental Psychology, 1973, 101, S. 16–20

Lichtenstein, S.; Slovic, P.; Fischhoff, B.; Layman, M.; Combs, B. 1978: Judged frequency of lethal events; in: Journal of Experimental Psychology: Human Lerning and Memory, 1978, 4, S. 551–578

Lindblom, C.E. 1964: The Science of „Muddling Through"; in: Leavitt, H.J.; Pondy, L.R. (Eds.) 1964: Readings in Managerial Psychology; London, Chicago; pp. 61–78

Linde, H. 1958: Über die soziologische Analyse polylogischer Felder; in: Zeitschrift für die gesamte Staatswissenschaft, 114. Bd., Heft 3, S. 527–546

Lindsay, P.H.; Norman, D.A. 1981: Einführung in die Psychologie; Berlin, Heidelberg, New York: Springer

Loftus, E.F. 1975: Leading questions and the eyewitness report; in: Cognitive Psychology, 1975, 7, S. 560–572

Lorenz, K. 1941: Kants Lehre vom Apriorischen im Lichte gegenwärtiger Biologie; in: Blätter für Deutsche Philosophie, Jhrg. 15, 1941, S. 94–125

Lorenz, K. 1959: Gestaltwahrnehmung als Quelle wissenschaftlicher Erkenntnis; in: Lorenz, K. 1965: Über tierisches und menschliches Verhalten, Bd. II, S. 255–300; München: Pieper

Lorenz, K. 1973: Die Rückseite des Spiegels, Versuch einer Naturgeschichte menschlichen Erkennens; München: Pieper

Lubow, R.E.; Weiner, J.; Schnur, P. 1981: Conditioned Attention Theory; in: Bower, G.H. (Ed.) 1981: The Psychology of Learning and Motivation, Vol. 15, S. 1–49; New York: Academic Press

Luchins, A.S. 1965: Mechanisierung beim Problemlösen. Die Wirkung der „Einstellung"; in: Graumann, C.F. (Hrsg.) 1965: Denken; Köln, Berlin: Kiepenheuer & Witsch, S. 171–190

Luginbuhl, J.E.R.; Crowe, D.H.; Kahan, J.P. 1975: Causal attributions for success and failure; in: Journal of Personality and Social Psychology, 1975, 31, S. 85–93

Lyon, D.; Slovic, P. 1976: Dominance of accuracy information and neglect of base rates in probability estimation; in: Acta Psychologica, 1976, 40, S. 287–298

Magnusson, D. (Ed.) 1981: Toward a psychology of situations: An interactional Perspective; Hillsdale: Lawrence Erlbaum Associates

Maier, N.R.F. 1931: Reasoning in humans: II. The solution of a problem and its appearance in consciousness; in: Journal of Comparative Psychology, 1931, 12, S. 181–194

McArthur, L.Z. 1978: Consensus and distinctiveness information effects on causal attribution as a function of the type of stimuli to which each pertains. Unpublished manuscript; Brandeis University

McCloskey, M. 1983: Irrwege der Intuition in der Physik; in: Spektrum der Wissenschaft, Juni 1983, S. 88–99

Mertens, W. 1975: Sozialpsychologie des Experiments; Hamburg: Hoffmann und Campe

Metzger, W. (Hrsg.) 1966: Wahrnehmung und Bewußtsein; Handbuch de Psychologie, 1. Band, 1. Halbband; Göttingen: Hogrefe

Milkman, H.; Sunderwirth, St. 1984: Warum werden wir süchtig? in: Psychologie Heute, Februar 1984, S. 34–40

Mill, J.S. 1843/1974: A system of logic ratiocinative and inductive; Toronto: University of Toronto Press (Original veröffentlicht 1843)

Miller, G.A. 1956: The magical number seven, plus or minus two: Some limits on our capacity for processing information; in: Psychological Review, 1956, 63, S. 81–97
Miller, D.T. 1976: Ego involvement and attributions for success and failure; in: Journal of Personality and Social Psychology, 1976, 34, S. 901–906
Miller, D.T.; Ross, M. 1975: Self-serving biases in the attribution of causality: Fact or fiction? in: Psychological Bulletin, 1975, 82, S. 213–225
Mischel, W.; Gilligan, C. 1964: Delay of gratification, motivation for the prohibited gratification, and responses to temptation; in: Journal of Personality and Social Psychology, 1964, 64, S. 411–417
Mittelstraß, J. (Hrsg.): 1980: Enzyklopädie Philosophie und Wissenschaftstheorie, Band 1: A–G; Mannheim: Bibliographisches Institut – Wissenschaftsverlag
Moore, G.T. 1979: Knowing about enviornmental knowing. The current state of theory and research on environmental cognition; in: Environment and Behavior, Vol. 11, No. 1, March 1979, S. 33–70
Morlock, H. 1967: The effect of outcome desirability on information required for decisions; in: Behavioral Science, 1967, 12, S. 296–300
Nauta, W.J.H.; Feirtag, M. 1980: Die Architektur des Gehirns; in: Gehirn & Nervensystem; Ein Spektrum der Wissenschaft-Buch; Weinheim: Spektrum der Wissenschaft-Verlag, S. 88–98
Neisser, U. 1979: Kognition und Wirklichkeit; Stuttgart: Klett-Cotta
Neisser, U. 1983: Intelligenz – gibt's die?, in: Psychologie Heute, Jahrgang 10, August 1983, S. 52–62
Newell, A.; Simon, H.A. 1972: Human Problem Solving; Englewood Cliffs: Prentice-Hall
Nisbett, R.E.; Ross, L. 1980: Human inference: Strategies and shortcomings in social judgment; Englewoood-Cliffs: Prentice-Hall
Olson, C.L. 1976: Some apparent violations of the representativeness heuristic in human judgment; in: Journal of Experimental Psychology: Human Perception and Performance, 1976, 2, S. 599–608
Osgood, C.E.; Tannenbaum, P.H. 1955: The principle of congruity in the prediction of attitude change; in: Psychological Review, 1955, 62, S. 42–55
Oskamp, S. 1965: Overconfidence in case-study judgments; in: Journal of Consulting Psychology, 1965, 29, S. 261–265
Paivio, A. 1971: Imagery and Verbal Processes; New York: Holt, Rinehart & Winston
Peterson, L.R. 1977: Verbal Learning and Memory; in: Annual Review of Psychology, 1977, 28, S. 393–415
Phillips, L.D.; Edwards, W. 1966: Conservatism in a simple probability inference task; in: Journal of Experimental Psychology, 1966, 72, S. 346–357
Phillips, L.D.; Hays, W.L.; Edwards, W. 1966: Conservatism in complex probabilistic inference; in: IEEE Transactions on Human Factors in Electronics, 1966, HFE-7, S. 7–18
Piaget, J. 1974: Biologie und Erkenntnis. Über die Beziehungen zwischen organischen Regulationen und kognitiven Prozessen; Frankfurt: Fischer
Piaget, J. 1976: Die Äquilibration der kognitiven Strukturen; Stuttgart: Klett
Piaget, J.; Inhelder, B. 1951/1975: La genése de l'idée de hasard chez l'enfant; Paris: Presses Universitaires de France. Übersetzt: The origin of the idea of chance in children; New York: Norton
Place, U.T. 1956: Is consciousness a brain process?, in: British Journal of Psychology, 47, S. 44–51
Pollay, R.W. 1970: The structure of executive decisions and decision times; in: Administrative Science Quarterly, 1970, 15, S. 459–471
Pruitt, D.G. 1971: Choice shifts in group discussion: An introductory review; in: Journal of Personality and Social Psychology, 1971, 20, S. 339–360

Pryor, J.B.; Kriss, M. 1977: The cognitive dynamics of salience in the attribution process; in: Journal of Personality and Social Psychology, 1977, 35, S. 49–55
Pschyrembel, W. 1972: Klinisches Wörterbuch mit klinischen Syndromen; Berlin, New York: Walter de Gruyter (251. Auflage)
Puccetti, R. 1973: Brain bisection and personal identity; in: British Journal for the Philosophy of Science, 24, S. 339–355
Puccetti, R. 1981: The case for mental duality: Evidence from split-brain data and other considerations; in: The Behavioral and Brain Sciences, 1981, 4, S. 93–123
Rausch, E. 1966: Das Eigenschaftsproblem in der Gestalttheorie der Wahrnehmung; in: Metzger, W. (Hrsg.) 1966: Wahrnehmung und Bewußtsein, Handbuch der Psychologie, 1. Band, 1. Halbband, 21. Kapitel, S. 866–953; Göttingen: Hogrefe
Ravetz, J.R. 1980: Ideologische Überzeugungen in der Wissenschaftstheorie; in: Duerr, H.P. (Hrsg.) 1980: Versuchungen; Aufsätze zur Philosophie Paul Feyerabends; Frankfurt: Suhrkamp
Regan, D.T.; Totten, J. 1975: Empathy and attribution: Turning observers into actors; in: Journal of Personality and Social Psychology, 1975, 32, S. 850–856
Rescher, N. 1973: The Primacy of Practice; Oxford: Basil Blackwell
Riedl, R. 1980: Biologie der Erkenntnis. Die stammesgeschichtliche Grundlage der Vernunft; Berlin, Hamburg: Parey
Riedl, R. 1981: Die Folgen des Ursachendenkens; in: Watzlawick, P. (Hrsg.) 1981: Die erfundene Wirklichkeit, S. 67–90; München: Piper
Rittel, H. 1970: Der Planungsprozeß als iterativer Vorgang der Varietätserzeugung und Varietätseinschränkung; in: Arbeitsberichte 4: Entwurfsmethoden in der Bauplanung; Stuttgart: Institut für Grundlagen der modernen Architektur, IGMA
Rittel, H. 1972: On the Planning Crisis: Systems Analysis of the ‚First and Second Generations'; in: Bedrifts Okonomen, Nr. 8, Oktober 1972, S. 390–396
Rittel, H. 1976: Sachzwänge – Ausreden für Entscheidungsmüde; Institut für Grundlagen der Planung i.A., Universität Stuttgart, S-76-1
Rittel, H. 1977: Urteilsbildung und Urteilsrechtfertigung; in: Schriften des Instituts für Grundlagen der Planung i.A., Universität Stuttgart; Arbeitspapier A-77-1
Rittel, H. 1982: Structure and Usefulness of Planning Information Systems; in: Laconte, Gibson, Rapoport (Eds.) 1982: Human and Energy Factors in Urban Planning, S. 53–63; Den Haag: M. Nijhoff
Rittel, H.; Webber, M. 1973: Dilemmas in a General Theory of Planning; in: Policy Sciences, 4 (1973), S. 155–169
Ronen, J. 1973: Effects of some probability displays on choices; in: Organizational Behavior and Human Performance, 1973, 9, S. 1–15
Ronge, V.; Schmieg, G. (Hrsg.) 1970: Politische Planung in Theorie und Praxis; München: Piper
Rosenthal, R. 1966: Experimenter effects in behavioral research; New York: Appleton-Century-Crofts
Ross, L. 1977: The intuitive psychologist and his short-comings: Distortions in the attribution process; in: Berkowitz, L. (Ed.) 1977: Advances in experimental social psychology, Vol. 10; New York: Academic Press
Ross, L.; Greene, D.; House, P. 1977: The false consensus phenomenon: An attributional bias in self perception and social perception processes; in: Journal of Experimental Social Psychology, 1977, 13, S. 279–301
Rubin, E. 1921: Visuell wahrgenommene Figuren; Kopenhagen: Gyldendalske Boghandel
Rubin, J.Z. 1981: Psychofallen; in: Psychologie Heute, 1981, Nr. 8, S. 54–61

Sachs, L. 1974: Angewandte Statistik; Berlin, Heidelberg, New York: Springer-Verlag, 4. Auflage

Sarrazin, Th. 1983: Die Krise war vorhersehbar; in: DER SPIEGEL 13/1983, S. 102–112

Schaffitzel, W. 1982: Das entscheidungstheoretische Rationalitätskonzept in der Betriebswirtschaftslehre; Karlsruhe: Dissertation an der Fakultät für Geistes- und Sozialwissenschaften

Scharpf, F.W. 1973: Planung als politischer Prozeß; Frankfurt: Suhrkamp

Schneider, R. 1976: Leistungsmotiviertes Verhalten als Funktion von Motiv, Anreiz und Erwartung; in: Schmalt, H.-D.; Meyer, W.U. (Hrsg.) 1976: Leistungsmotivation und Verhalten, S. 33–59; Stuttgart: Klett

Schönwandt, W. 1982: Hinweise der Sozialwissenschaft zur Wohnungsplanung; Schriftenreihe des Bundesministers für Raumordnung, Bauwesen und Städtebau; 04.077, Bad Godesberg

Scholz, R.W. 1981: Stochastische Problemaufgaben: Analysen aus didaktischer und psychologischer Perspektive; Bielefeld: IDM Materialien und Studien Band 23, Universität Bielefeld

Sherif, M. 1936: The Psychology of Social Norms; New York: Harper

Shweder, R.A. 1977: Likeness and likelihood in everyday thought: Magical thinking in judgments about personality; in: Current Anthropology, 1977, 18, S. 637–658

Simon, H.A. 1967: Models of man; New York: Wiley

Slovic, P. 1966: Value as a determiner of subjective probability; IEEE Transactions on Human Factors in Electronics, 1966, HFE-7, S. 22–28

Smart, J.J.C. 1959: Sensations and brain processes; in: Philosophical Review, 68, S. 141–156

Smedslund, J. 1963: The concept of correlation in adults; in: Scandinavian Journal of Psychology, 1963, 4, S. 165–173

Snyder, M.; Uranowitz, S.W. 1978: Reconstructing the past: Some cognitive consequences of person perception; in: Journal of Personality and Social Psychology, 1978, 36, S. 941–950

Spaeman, R.; Löw, R. 1981: Die Frage wozu. Geschichte und Wiederentdeckung des theologischen Denkens; München: Piper

Spiro, R.J. 1976: Remembering information from text: Theoretical and empirical issues concerning the state of schema reconstruction hypothesis; in: Anderson, R.C.; Spiro, R.J.; Montague, W.E. (Eds.): Schooling and the acquisition of knowledge; Hillsdale, N.J.: Erlbaum

Stegmüller, W. 1969: Probleme und Resultate der Wissenschaftstheorie und analytischen Philosophie; Berlin, Heidelberg, New York: Springer

Stegmüller, W. 1971: Das Problem der Induktion; Humes Herausforderung und moderne Antworten; in: Lenk, H. (Hrsg.) 1971: Neue Aspekte der Wissenschaftstheorie; Braunschweig: Vieweg, S. 13–74

Stegmüller, W. 1973: Theorie und Erfahrung; Zweiter Halbband: Theorienstruktur und Theoriendynamik; Heidelberg, New York: Springer

Storms, M.D. 1973: Videotype and the attribution process: Reversing actors' and observers' point of view; in: Journal of Personality and Social Psychology, 1973, 27, S. 165–175

Taylor, S.E. 1981: The interface of cognitive and social psychology; in: Harvey, J.H. (Ed.) 1981: Cognition, social behavior and the environment, S. 189–211; Hillsdale: Erlbaum

Taylor, S.E.; Fiske, S.T. 1975: Point of view and perceptions of causality; in: Journal of Personality and Social Psychology, 1975, 32, S. 439–445

Taylor, S.E.; Thompson, S.C. 1982: Stalking the Elusive „Vividness" Effect; in: Psychological Review, 1982, Vol. 89, Nr. 2, S. 155–181

Tenbruck, F.H. 1972: Zur Kritik der planenden Vernunft; Freiburg: Karl Alber

Tsipis, K. 1977: Cruise Missiles; in: Scientific American, Vol. 236, No. 2, S. 20–29

Tversky, A.; Kahneman, D. 1971: The belief in the ‚law of small numbers'; in: Psychological Bulletin, 1971, 76, S. 105–110

Tversky, A.; Kahneman, D. 1973: Availability: A heuristic for judging frequency and probability; in: Cognitive Psychology, 1973, 5, S. 207–232
Tversky, A.; Kahneman, D. 1974: Judgment under uncertainty: Heuristics and biases; in: Science, 1974, 185, S. 1124–1131
Tversky, A.; Kahneman, D. 1982: Judgments of and by representativeness; in: Kahneman, D.; Slovic, P.; Tversky, A. (Eds.) 1982: Judgment under uncertainty: Heuristics and biases, S. 84–98; Cambridge: University Press
Vente, R.E. 1969: Planung wozu?; Baden-Baden: Nomos
Vinokur, A.; Burnstein, E. 1978: Depolarization of attitudes in groups; in: Journal of Personality and Social Psychology, 1978, 36, S. 872–885
Vogel, F.; Propping, P. 1981: Ist unser Schicksal mitgeboren? Vererbung und menschliche Psyche; Berlin: Severin und Siedler
Vollmer, G. 1974: Evolutionäre Erkenntnistheorie; Dissertation, Philosophische Fakultät der Universität Freiburg
Vollmer, G. 1981: Evolutionäre Erkenntnistheorie; Stuttgart: Hirzel, 3. Auflage
Vroom, V.H. 1964: Work and motivation; New York: Wiley & Sons
Wagenaar, W.A. 1970: Appreciation of conditional probabilities in binary sequences; in: Acta Psychologica, 1970, 34, S. 348–356
Wagenaar, W.A.; Sagaria, S.D. 1975: Misperception of exponential growth; in: Perception and Psychophysics, 1975, 18, S. 416–422
Wagenaar, W.A.; Timmers, H. 1979: The pond-and-duckweed problem: Three experiments on the misperception of exponential growth; in: Acta Psychologica, 1979, 43, S. 239–251
Walker, P.F. 1983: Intelligente Waffen im Seekrieg; in: Spektrum der Wissenschaft, Juli 1983, S. 16–25
Wallsten, Th.S. 1980: Processes and Models to Describe Choice and Inference Behavior; in: Wallsten, Th.S. (Ed.) 1980: Cognitive Processes in Choice and Decision Behavior; Hillsdale, New Jersey: Lawrence Erlbaum
Walster, E. 1966: Assignment of responsibility for an accident; in: Journal of Personality and Social Psychology, 1966, 3, S. 73–79
Ward, W.C.; Jenkins, H.M. 1965: The display of information and the judgment of contingency; in: Canadian Journal of Psychology, 1965, 19, S. 231–241
Washburn, Sh.L. 1978: The evolution of Man; in: Evolution, A Scientific American Book; San Francisco: Freeman, S. 104–112
Wason, P.C. 1960: On the failure to eliminate hypotheses in a conceptual task; in: Quarterly Journal of Experimental Psychology, 1960, 12, S. 129–140
Weiner, B.; Frieze, I.; Kukla, A.; Reed, L.; Rest, St.; Rosenbaum, R.M. 1972: Perceiving the causes of success and failure; in: Jones, E.E.; Kanouse, D.E.; Kelley, H.H.; Nisbett, R.E.; Valins, St.; Weiner, B. 1972: Attribution: Perceiving the causes of behavior; Morristown: General Learning Press, S. 95–120
Wender, K.F.; Colonius, H.; Schulze, H.E. 1980: Modelle des menschlichen Gedächtnisses; Stuttgart: Kohlhammer
Wertheimer, M. 1923: Untersuchungen zur Lehre von der Gestalt II.; in: Psychologische Forschung, Jhrg. 4, 1923, S. 301–350
Wheeler, G.; Beach, L.R. 1968: Subjective sampling distributions and conservatism; in: Organizational Behavior and Human Performance, 1968, 3, S. 36–46
White, R.W. 1959: Motivation reconsidered: The concept of competence; in: Psychological Review, 1959, 66, S. 297–333

Wickelgren, W.A. 1981: Human Learning and Memory; in: Annual Review of Psychology, 1981, 32, S. 21–52

Wilson, T.D.; Nisbett, R.E. 1978: The accurancy of verbal reports about the effect of stimuli on evaluations and behavior; in: Social Psychology, 1978, 41, S. 118–131

Wise, G. 1976: The Accuracy of Technological Forecasts, 1890–1940; in: Futures, 8 (5), 1976, S. 411–419

Wohlwill, J.F. 1970: The emerging discipline of environmental psychology; in: American Psychologist, 1970, 25, S. 303–312

Wright, J.C. 1962: Consistency and complexity of response sequences as a function of schedules of noncontingent reward; in: Journal of Experimental Psychology, 1962, Vol. 63, No. 6, S. 601–609

Wright, P. 1974: The harassed decision maker: Time pressures, distractions and the use of evidence; in: Journal of Applied Psychology, 1974, 59, S. 555–561

Zadeh, L.A. 1965: Fuzzy sets; in: Inference and Control, 1965, 8, S. 338–353

Zangenmeister, Ch. 1972: Nutzwertanalyse in der Systemtechnik; München: Wittermann

Zwicky, F. 1966: Entdecken, Erfinden, Forschen im morphologischen Weltbild; München, Zürich: Knaur

Bauwelt Fundamente

1 Ulrich Conrads (Hrsg.), Programme und Manifeste zur Architektur des 20. Jahrhunderts
2 Le Corbusier, 1922 – Ausblick auf eine Architektur
3 Werner Hegemann, 1930 – Das steinerne Berlin
4 Jane Jacobs, Tod und Leben großer amerikanischer Städte*
5 Sherman Paul, Louis H. Sullivan*
6 L. Hilberseimer, Entfaltung einer Planungsidee*
7 H. L. C. Jaffé, De Stijl 1917–1931*
8 Bruno Taut, Frühlicht 1920–1922*
9 Jürgen Pahl, Die Stadt im Aufbruch der perspektivischen Welt*
10 Adolf Behne, 1923 – Der moderne Zweckbau*
11 Julius Posener, Anfänge des Funktionalismus*
12 Le Corbusier, 1929 – Feststellungen*
13 Hermann Mattern, Gras darf nicht mehr wachsen*
14 El Lissitzky, 1929 – Rußland: Architektur für eine Weltrevolution*
15 Christian Norberg-Schulz, Logik der Baukunst*
16 Kevin Lynch, Das Bild der Stadt*
17 Günter Günschel, Große Konstrukteure 1
18 nicht erschienen
19 Anna Teut, Architektur im Dritten Reich 1933–1945*
20 Erich Schild, Zwischen Glaspalast und Palais des Illusions
21 Ebenezer Howard, Gartenstädte von morgen
22 Cornelius Gurlitt, Zur Befreiung der Baukunst*
23 James M. Fitch, Vier Jahrhunderte Bauen in USA*
24 Felix Schwarz und Frank Gloor (Hrsg.), „Die Form" – Stimme des Deutschen Werkbundes 1925–1934
25 Frank Lloyd Wright, Humane Architektur*
26 Herbert J. Gans, Die Levittowner. Soziographie einer »Schlafstadt«
27 Günter Hillmann (Hrsg.), Engels: Über die Umwelt der arbeitenden Klasse
28 Philippe Boudon, Die Siedlung Pessac – 40 Jahre*

29 Leonardo Benevolo, Die sozialen Ursprünge des modernen Städtebaus*
30 Erving Goffman, Verhalten in sozialen Strukturen*
31 John V. Lindsay, Städte brauchen mehr als Geld*
32 Mechthild Schumpp, Stadtbau-Utopien und Gesellschaft*
33 Renato De Fusco, Architektur als Massenmedium
34 Gerhard Fehl, Mark Fester und Nikolaus Kuhnert (Hrsg.), Planung und Information
35 David V. Canter (Hrsg.), Architekturpsychologie
36 John K. Friend und W. Neil Jessop (Hrsg.), Entscheidungsstrategie in Stadtplanung und Verwaltung
37 Josef Esser, Frieder Naschold und Werner Väth (Hrsg.), Gesellschaftsplanung in kapitalistischen und sozialistischen Systemen*
38 Rolf-Richard Grauhan (Hrsg.), Großstadt-Politik*
39 Alexander Tzonis, Das verbaute Leben*
40 Bernd Hamm, Betrifft: Nachbarschaft
41 Aldo Rossi, Die Architektur der Stadt*
42 Alexander Schwab, Das Buch vom Bauen
43 Michael Trieb, Stadtgestaltung*
44 Martina Schneider (Hrsg.), Information über Gestalt*
45 Jörn Barnbrock, Materialien zur Ökonomie der Stadtplanung
46 Gerd Albers, Entwicklungslinien im Städtebau*
47 Werner Durth, Die Inszenierung der Alltagswelt*
48 Thilo Hilpert, Die Funktionelle Stadt
49 Fritz Schumacher (Hrsg.), Lesebuch für Baumeister
50 Robert Venturi, Komplexität und Widerspruch in der Architektur
51 Rudolf Schwarz, Wegweisung der Technik und andere Schriften zum Neuen Bauen 1926–1961
52 Gerald R. Blomeyer und Barbara Tietze, In Opposition zur Moderne
53 Robert Venturi, Denise Scott Brown und Steven Izenour, Lernen von Las Vegas
54/55 Julius Posener, Aufsätze und Vorträge 1931–1980
56 Thilo Hilpert (Hrsg.), Le Corbusiers „Charta von Athen". Texte und Dokumente. Kritische Neuausgabe
57 Max Onsell, Ausdruck und Wirklichkeit
58 Heinz Quitzsch, Gottfried Semper – Praktische Ästhetik und politischer Kampf

59 Gert Kähler, Architektur als Symbolverfall
60 Bernard Stoloff, Die Affaire Ledoux
61 Heinrich Tessenow, Geschriebenes
62 Giorgio Piccinato, Die Entstehung des Städtebaus
63 John Summerson, Die klassische Sprache der Architektur
64 bisher nicht erschienen
65 William Hubbard, Architektur und Konvention
66 Philippe Panerai, Jean Castex und Jean-Charles Depaule, Vom Block zur Zeile
67 Gilles Barbey, WohnHaft
68 Christoph Hackelsberger, Plädoyer für eine Befreiung des Wohnens aus den Zwängen sinnloser Perfektion
69 Giulio Carlo Argan, Gropius und das Bauhaus
70 Henry-Russell Hitchcock und Philip Johnson, Der Internationale Stil – 1932
71 Lars Lerup, Das Unfertige bauen
72 in Vorbereitung
73 in Vorbereitung
74 Walter Schönwandt, Denkfallen beim Planen

---

*vergriffen

Bei Fragen zur Produktsicherheit wenden Sie sich bitte an:
If you have any questions regarding product safety,
please contact:

Birkhäuser Verlag GmbH
Im Westfeld 8
4055 Basel, Schweiz
productsafety@degruyterbrill.com